인공지능과 경험의 문제

AI문고

인공지능 시대입니다. 기계가 인간의 인지를 대신하고, 사물이 인간을 통하지 않고 다른 사물과 직접 커뮤니케이션합니다. 이에 따른 인간 삶과 문명 변화를 정확히 이해·예측·대응하는 것은 이 시대 우리 모두의 과제입니다. AI문고는 인공지능 기술과 환경의 여러 주제를 10가지 키워드로 정리합니다. 관련 개념과 이론, 학계와 산업계의 쟁점, 우리 일상의 변화를 다룹니다. 인간과 기술의 현재, 미래를 세심히 분석합니다.

일러두기

- 인명, 작품명, 저서명, 개념어 등은 한글과 함께 괄호 안에 해당 국가의 원어를 병기했습니다.
- 외래어 표기는 현행 어문규정의 외래어표기법을 따랐습니다. 다만 '딥러닝', '딥마인드', '딥페이크' 등은 관행을 따랐습니다.

처음이세요?

전문가세요?

인공지능과 경험의 문제

이중식

대한민국, 서울, 커뮤니케이션북스, 2024

인공지능과 경험의 문제

지은이 이중식
펴낸이 박영률

초판 1쇄 펴낸날 2024년 11월 27일

커뮤니케이션북스(주)
출판 등록 2007년 8월 17일 제313-2007-000166호
02880 서울시 성북구 성북로 5-11
전화(02) 7474 001, 팩스(02) 736 5047
commbooks@commbooks.com
www.commbooks.com

ISBN 979-11-7307-113-3 03500

책값은 뒤표지에 표시되어 있습니다.

차례

경험이 열쇠다

지금의 시대를 설명하는 가장 중요한 키워드는 인공지능이다. 인공지능 자체는 첨단 기술이기도 하지만 동시에 사회 문화에 근본적 변화를 가져오는 기제로 그 역할이 크다. 인공지능은 과거의 컴퓨팅과는 결이 다르기에 인간과 사회에 가져올 파장을 예상하기 어렵다. 과거의 컴퓨팅은 이성과 논리로 만들어지고, 비슷한 방식으로 이해되고 조작되었다. 하지만 인공지능은 거대한 확률 장치로 그 과정과 결과를 이해하기 어렵다. 그렇다 보니 만드는 과정도 결과를 해석하는 것도 어느 정도 '감(感)'에 의존할 수밖에 없다. 그래서 인공지능 시대에 직관(intuition)이 중요하다고 한다. 이 책은 그 감과 직관에 관한 것이다. 과연 촉 좋은 사람만 인공지능 서비스를 기획할 수 있는지, 아니면 촉이란 게 배우고 익혀 나갈 수 있는 대상인지에 대한 논의다. 이 책에서는 '현상'과 '경험'을 열쇠로 제시한다. 논리와 이성을 대체하는 현상과 경험을 설명하고 변화를 만드는 매개로 현상의 구축 방법을 살펴볼 것이다. 긴 이야기를 시작하기 전에 인공지능의 등장으로 새롭게 나타난 흥미로운 상호 작용의 예를 살펴보고자 한다.

테슬라의 광폭 모드

2015년 일론 머스크가 전기차 테슬라를 출시하면서 '광폭 모드(insane mode)'를 탑재한 적이 있다. 광폭 모드는 차의 성능을 비교할 때 사용하는 기준인 제로백을 극대화한 세팅이다. 이 모드에서 차의 액셀을 밟으면 차가 정지 상태에서 시속 100km/h에 도달할 때까지 정말 '미친 듯이' 가속된다. 운전자는 '고개가 젖혀지고 몸이 시트 속으로 파고드는' 경험을 할 수 있다. 한편, 최신형 슈퍼 카 람보르기니에는 기어 변속기 옆에 흥미로운 '주행 모드' 레버가 달려 있다. 주행 모드는 여섯 가지로 Strada(가벼운 도로 주행), Sport(반응 높은 주행), Corsa(빠르게 달리기), Sabbia(모래, 땅에 박히지 않는), Terra(흙, 거친 오프로드 주행), Neve(눈, 미끄러지지 않는)이다. 그동안 자동차는 힘 좋은 저단과 빨리 달리는 고단 기어로 성능을 조작했다. 하지만 람보르기니는 주행 분위기를 고를 수 있다. 그리고 이 레버에 붙은 레이블은 Anima(영혼)다. 즉, 상황에 따라 다른 주행 영혼을 탑재할 수 있다는 이야기다.

오랫동안 기계의 인터페이스에는 기계가 가지는 기능들이 나열되었다. 켜고 끄거나 강하게 또는 약하게를 조절하는 스위치들이 대부분이었다. 하지만 새로운 인터페이스에서는 즐거움과 센세이션의 종류를 고른다. 마치 놀이공원에서 놀이기구 고르는 것이 내가 경험할 경험을 고르는 것과 같다. 화면은 오락기 화면처럼 가볍고 재미있으며 말초적 즐거움을 준다.

퇴근하며 듣는 음악

음악 듣기 행동이 변하고 있다. 과거에는 애정하는 가수나 곡명을 검색해 한 곡 또는 한 음반 듣기를 했다. 혹은 한 땀 한 땀 선곡해 놓은 플레이리스트를 선택해 들었다. 하지만 지금은 씨앗(seed)이 되는 음원을 하나 고르고 나머지는 인공지능에 의해 추천된 관련성 높은 곡들을 연쇄해 듣는다.

기계가 만드는 노래뭉치는 사람들의 음악 청취 행동을 학습해 만들어진다. 그리고 뭉치에는 이름이 붙여지는데, 감 좋은 인간 큐레이터가 이름을 붙이거나 사람들이 달아 놓은 해시태그를 기계 학습해 이름 붙이기 한다. 뭉치의 이름은 곡과 관련된 '감정(emotion)'이나 '상황(situation)'인 경우가 많다. '차분해지는', '기분 좋아지는'은 기분에 관한 것이며, '퇴근하며 듣기 좋은', '꿈나라로 가야 할 시간'은 상황적 이름이다. 이제 음악을 잘 듣는다는 것은 특정 곡명을 떠올리는 게 아니라 내 기분이나 상황을 파악한 뒤 그 기분을 묘사하는 단어를 떠올려야 한다. 혹은 그 기분에 해당하는 씨앗 음원을 떠올려야 한다. 이 얼마나 현상학적 상호 작용인가?

이제 '경험 버튼'을 디자인하는 시대가 되었다. 기계를 켜고 끄는 '기능 버튼'이 아니라 어떤 느낌이나 현상이 촉발될지를 직관적으로 제시해야 되는 시대가 되었다. 기계를 명령어와 버튼으로 조작한다는 생각 대신, 내게 닥친 상황과 문제를 잘 서술하거나 원하는 결과나 현상을 떠올릴 수 있는 능력이 필요한 시대가 되었다.

네 가지 경험 양식

이 책의 구성은 다음과 같다. 먼저 경험 이해를 위한 배경 지식으로 초월 기술과 기술 철학을 살펴본다. '감'과 '직관'의 시대가 오게 된 배경인 새로운 기술과 기술 철학의 관점을 설명한다. 그리고 현상과 경험에 대한 정의를 살펴본다. 두 단어는 일상생활에서 흔히 쓰이는 단어라 제대로 된 정의를 짚어 봄이 필요하다. 그리고 이 책의 본론에 해당하는 네 가지 경험 양식을 하나씩 살펴본다.

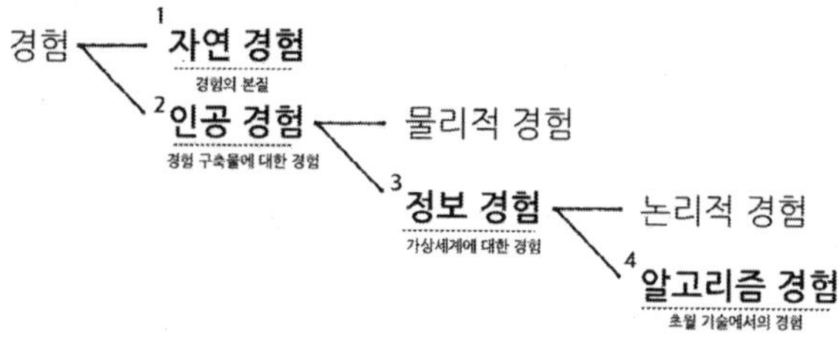

그림 0-1. 경험의 네 가지 양식. 저자 그림.

경험을 계보적 관점으로 나누어 보면 각 경험이 가지는 특성을 자세히 알 수 있다. 마지막으로 경험 설계는 어떻게 할 것인지, 경험 설계의 목표는 무엇인지를 살펴본다.

앞서 이 책의 본론은 경험을 네 가지 양식으로 나눈 것이라 했다. 이를 간단히 살펴보는 게 책 읽기에 도움이 될 것이다.

먼저 경험을 크게 자연 경험과 인공 경험으로 나누어 볼 수 있다. 자연 경험은 우리가 세계를 몸으로 직접 맞닥뜨려 겪는 경험들이다. 우리가 자라면서 겪는 대부분의 경험이 이에 해당한다. 뜨거운 것에 손을 데기도 하고, 높은 곳에서 떨어져도 보고, 자전거를 처음 타며 균형을 익히는 그런 경험들이다. 나와 세계의 관계를 형성하는 대부분의 경험이 자연 경험이다. 자연 경험을 통해 알게 된 것들은 몸에 체화된다.

자연 경험과 대비되는 것이 인공 경험이다. 인공 경험은 현대 사회에서 만나게 되는 쇼핑 경험, 식당 경험, 서비스 경험 등을 말한다. 공급자가 인위적으로 만든 경험 시퀀스를 사용자가 따라가며 생기는 경험이다. 경험 제공자는 경험의 접점이 되는 터치 포인트를 디자인하고 시간적·공간적으로 배치한다. 대표적인 인공 경험은 방 탈출이나 테마파크다. 몇만 원을 내고 짜릿한 경험을 하지만 나올 때 손에 쥐고 나오는 건 아무것도 없다. 연극과 영화도 일시적인 몰입 경험을 준다. 종교와 각종 의례(ritual)도 어찌 보면 사회가 만들어 낸 오래된 인공 경험이다.

인위적인 경험도 두 가지로 나누어 볼 수 있다. 물리적 환경에서 벌어지는 경험과 정보 환경에서 벌어지는 경험이다. 이 책에서는 정보 환경에서 벌어지는 인공 경험을 정보 경험이라 부른다. 정보 경험은 정보 시스템과의 상호 작용을 통해 얻어지는 경험이다. 모니터에 나타난 그래픽과 텍스트를 통해 사용자의 머릿속에서 만들어지는 경험이다. 강한 몰입감을 주는 비디오 게임이 대표적인 정보 경험이다. 웹브라우저의 하이퍼링크 경험도 독특한 정보 경험이다. 포켓몬 고(Pokémon GO) 는 모바일 장치를 이용해 현실과 가상을 오가는 특이한 정보 경험이다.

알고리즘 경험은 정보 경험에서 파생된 가장 최근의 경험 양식이다. 유튜브의 영상 추천, SNS의 피드 정리, 챗지피티(ChatGPT)와 대화 등이 그 예다. 알고리즘 경험은 인공지능이 만들어 내는 제안을 사용자가 수용해 나가는 경험이다. 알고리즘의 추천이나 결과를 놓고 그 이유를 짐작해 보지만 짐작에 그친다. 추천에 대해 나의 선호를 표명해 알고리즘 길들이기(taming)를 하지만 반영 속도는 느리다. 프롬프트를 변경해 조금씩 나은 대답을 유도하지만 최선이란 확신이 없다. 이 모든 과정이 답답하고 모호하지만 그럼에도 인공지능만이 방대한 정보를 통제하는 유일한 방법이기에 대안이 없다. 인공지능과의 상호 작용에서 원리는 물러나고 쓸모는 머뭇거리고 현상이 약진한다. 알고리즘 경험의 핵심은 인간과 인공지능 사이에 주고받는 현상과 경험이다. 우리는 알고리즘을 현상을 통해 파악하고 조작하게 된다.

경험의 이해를 위해 경험을 계보적으로 나누어 보았지만, 삶에 나타나는 경험은 네 가지 양식이 혼재된다. 아침에 일어나 욕실에서 몸을 씻을 때 지배적인 경험은 자연 경험이다. 버스를 타고 출근하며 현대 도시를 가로지르며 맞닥뜨리는 것은 인공 경험들이다. 일터에 도착해 PC를 켜는 순간 정보 경험의 세계로 들어간다. 하지만 쉬는 시간 스마트폰을 꺼내 즐기는 SNS, 동영상, 뉴스, 쇼핑의 추천과 광고는 알고리즘 경험이 지배한다. 우리는 네 가지 경험 양식을 넘나들며 삶의 총체성을 유지한다. 그리고 본능적으로 각 경험을 어떻게 받아들여야 하는지 안다.

경험 설계자

이 책은 경험 설계자를 위해 쓰였다. 경험 설계자란 서비스 디자인과 같은 인공 경험, 웹이나 앱 디자인 같은 정보 경험, 그리고 인공지능 서비스를 만드는 알고리즘 경험을 만드는 사람들이다. 서비스나 웹/앱을 만드는 방법론은 이미 잘 정착되어 있기에 이 책의 효용은 아마도 제일 최근에 이슈가 되는 알고리즘 경험 설계에 있다. 인공지능 서비스에 경험 설계가 필요할까라는 질문을 할 수 있다. 초창기 인공지능은 코어 시스템을 만드는 개발자가 중심이었다. 이후 인공지능을 특정 도메인에 접목시키는 현장 전문가들이 중요했다. 하지만 지금은 대형 언어 모델(LLM)이나 생성 모델들이 보편화되어 다양한 서비스가 꽃피는 시점이다. 알고리즘 경험 설계자가 중요해지고 있다. 왜냐면 경험은 인공지능 서비스의 처음과 끝을 책임지는 열쇠이기 때문이다. 처음이라 하면 인공지능이 꼭 필요한 문제 지점(usecase)을 발견하는 힘을 말한다. 사람들이 자주 실수하고 인지적으로 어려워하는 지점의 발견은 훈련된 경험 설계자의 눈으로 가능하다. 경험 설계자들은 사람들에 대한 측은지심(empathy)을 가지고 현장에 가까이 있기에 진정한 문제가 무엇인지 안다. 끝이라 함은 인공지능의 결과를 원하는 현상으로, 또 경험의 모양으로 제시하는 것을 말한다. 경험이 제대로 제시되지 않으면 사용자는 결과를 수용하기 어려워하거나 잘못된 선택을 하게 된다.

경험 설계자는 꼭 사용자 경험(user experience) 교육을 받은 사람이 아니어도 된다. 기획자여도 좋고 개발자여도 좋다. 단지 경험과 현상으로 관심의 초점을 옮길 수 있으면 좋다. 세상을 기능과 스펙이 아닌 현상과 경험의 집합으로 바라보는 시각의 전환이 필요하다. 앞으로의 세상은 다분히 현상학적 이해를 통해서만 본질을 파악할 수 있을지 모른다.

이 책은 수업의 모양을 닮았다. 책의 얼개를 잡은 것은 2015년이다. 기술 철학 스터디를 하던 중 사변주의 철학을 접하게 되었고, 경험과 현상이 새로운 기술 시대를 이해하는 중요한 열쇠라는 걸 알게 되었다. 이후 경험을 네 개의 양식으로 구분해 살펴보기로 했다. 10년 가까이 1년에 한 번씩 수업을 진행하며 학생들에게 네 개의 경험을 직접 체험하고 기록하게 하였다. 수업 초기에는 알고리즘 경험을 설명하기 어려웠다. 하지만 최근 2~3년 사이에는 별다른 설명 없이도 알고리즘 경험에 대해 모두 쉽게 이해하며 흥미로운 사례들을 찾아 토론했다. 그만큼 인공지능이 일상에 침투했고 현상 중심의 상호 작용이 벌어지고 있기 때문이다. 그만큼 경험 설계자의 역할도 중요해지는 시점이다.

01
초월 기술

경험과 현상을 본격적으로 논의하기 전에 우리가 놓인 기술 환경을 살펴보자. 인공지능, 로봇, 자율차, 생체 모방 등 최근 기술들은 서로 다른 것 같지만 하나의 공통점이 있다. 이는 초월성이다. 초월성은 전이성, 양적 압도, 그리고 자기 증식의 특징을 갖는다. 전이성은 하나의 도메인에서 학습된 모델이 다른 곳에 적용되는 것을 말하고, 양적 압도는 기하급수적 성장이 인간의 능력을 압도하는 것을 말한다. 자기 증식성은 기술이 스스로 새로운 것을 만들어 내는 것을 말한다.

AI와 1인 창업?

기술 전이성

초월은 '넘어섬'을 말한다. 초월에는 두 가지 해석이 있는데, 먼저 인간의 경험이나 인식을 넘어선다는 의미의 transcendence가 있다. 이는 철학적, 종교적, 또는 영적인 것을 말하는 표현으로 우리에게 익숙하다. 인간이 아닌 신, 절대자를 초월의 경지라 이야기한다. 물 위를 걸을 수 있으면 초월인데 이는 현실 세계나 물리적 한계를 넘어서는 것을 말한다. 이러한 초월은 무한, 신성, 영원성 같은 개념과 연결될 수 있다. 또 하나의 초월은 transductive 또는 transduction으로 물리적 경계를 넘나들거나 시스템 간의 이동을 말한다. 과학적 맥락에서 transduction은 주로 정보, 에너지, 신호 등이 변환 또는 전달되는 것을 말한다. 예를 들어, 신경과학에서는 빛이나 소리 같은 외부 자극이 전기 신호로 변환하는 것을 transduction이라 한다.

지금의 기술을 초월 기술이라 부르는 이유는 앞에서 설명했듯 인간의 한계를 넘어선다는 의미도 있고, 기술 간의 경계를 쉽게 넘나든다는 의미도 있다. 이 변화의 중심은 데이터와 알고리즘이 있다. 데이터로 학습된 모델은 메타 언어적 성격을 가지기에 환경 간 전이가 쉽다. 한 도메인에서 학습한 내용을 다른 도메인에 적용할 수 있는 기술을 transductive learning이라 부르는데, 예를 들면 자연어 처리(NLP) 분야에서 한 언어로 훈련된 모델은 다른 언어에 맞게 조정할 수 있는 다국어 모델로 전이 가능하다. 구글의 제로샷(Zero-shot) 번역은 훈련되지 않은 언어 간의 번역도 기존 모델의 전이를 통해 가능함을 보여 주었다.

전이는 이종의 기술 간에도 벌어진다. 하나의 기계에 탑재된 알고리즘은 현장의 고유한 데이터를 획득해 체계화한 뒤 다른 기술로 전이된다. 자율차에 탑재된 라이다 센서는 도시를 스캔해 3차원 지도를 만든다. 이 지도는 드론의 비행에도 사용되지만 도시 설계를 위한 디지털트윈에도 활용된다. 이런 기술 공진화(co-evolution)는 거시적으로는 우주 기술에, 휴먼 스케일에서는 환경 기술에 적용되고 미시적으로는 생명의 세계, 바이오의 세계에 적용된다.

기술 간의 호환성이 좋아짐도 전이를 활성화한다. 기술 매시업은 기술 간 연결을 통해 형질 교환이 벌어지는 기반을 만든다. 양적 확장을 넘어 상호 변환(transductive)이 벌어지고 전에 없던 기술 형질이 탄생된다. 이러한 기술 공진화는 기획되거나 예측되기도 하지만 대부분 창발적(emergent)이다. 드론의 부상도 이런 경우다. 오랫

동안 풀리지 않았던 무인 항공체의 발전은 자이로를 포함한 각종 센서의 발달, 조종사가 아닌 컴퓨팅을 통한 제어, 3D 지형 지도, 카메라 비전을 이용한 장애물 회피 등이 연동되며 갑자기 풀린 것이다. 무인차와 로봇의 진일보도 비슷한 경우다. 이제 기술 개발은, 조금 더 나은 기계를 만드는 게 아니라 시간이 지남에 따라 진화하는 기계 연결망의 한 요소를 만드는 역할로 바뀌고 있다.

양적 압도

싱귤래리티는 미래학자 레이 커즈와일(Ray Kurzweil)이 주장한 개념으로, 기술이 발전이 특이점을 넘어서면 그 속도와 범위가 너무 커져 인간이 통제할 수 없게 됨을 말한다. 특히 인공지능 기술이 기하급수적으로 발전해 인간의 지적 능력을 뛰어넘는 시점이 곧 다가옴을 경고한다. 특이점을 설명하는 우화로, 옛날에 한 현명한 신하가 왕에게 바둑판의 첫 번째 칸에 쌀알 하나를 놓고, 두 번째 칸에는 그 두 배인 두 알을, 이런 식으로 다음 칸에 두 배씩 놓아서 줄 것을 요청했다. 왕은 이 요청이 아주 소박해 보였기에 흔쾌히 수락했다. 그러나 바둑판의 64번째 칸에 이르렀을 때, 그 칸에 놓아야 할 쌀알의 수는 18,446,744,073,709,551,615알이 되며 이는 나라의 모든 땅을 팔아도 구할 수 없는 어마어마한 양의 쌀이라는 것을 나중에 알게 되었다. 이는 무언가가 기하급수적으로 증가하면 인간이 파악할 수 있는 능력을 넘어서는 순간이 온다는 것을 말한다.

양적 압도는 이미 경험되고 있다. 반도체의 발전과 컴퓨팅 능력의 향상은 무어의 법칙(Moore's law)에 따라 대략 18개월마다 두 배로 증가해 왔고 지금의 인공지능 토대가 된 무차별적인 연산(brute force computing)도 방대한 정보처리 능력으로 가능해졌다. 양적 압도는 인공지능 외에도 나노 기술, 생명공학 등에서도 발견된다. 방대한 생명 정보를 담은 유전체의 정보를 그대로 읽어 내어 분석한다든지 나노 스케일 센서들이 인간의 척도를 넘어서는 감각으로 미시 세계를 초미세 시간 단위로 읽어 내는 것이다. 무한에 가까운 데이터들은 저장되고 연산되어 또 다른 무한의 조합을 생성하고 있다. 스웨덴의 철학자 닉 보스트롬(Nick Bostrom)은 무한한 능력과 지식을 가진 존재를 오메가(Ω)로 정의한다. 무한의 오메가를 상정함으로써 유한한 인간의 인식과 무한한 계산 가능성 사이의 갭 또는 딜레마가 강조된다. 그는 무한 데이터를 처리할 수 있는 무한 계산 능력이 곧 등장할 것이고 이는 인간을 압도하는 초지능의 형태로 나타나리라 본다. 초지능하에서 개별적인 인간의 삶은 유한 범위를 갖는 시뮬레이션의 형식, 즉 무한의 일부로 살아질 것이라 본다. 이 주장은 다소 과장되어 보이기도 하지만 셀 수 있는 것과 아닌 것의 차이는 실로 엄청나다는 것을 보여 준다.

자기 증식

기술의 발달은 기술의 자기 증식(autopoiesis) 시대를 가져왔다. 이제 기술은 스스로 유지하고 스스로 변화시키는 과정에 인간의 개입을 필요로 하지 않는다. 그리고 지속적으로 자기 조직화(self-organization)한다. 자기 증식은 생물학적 시스템에서 유래했지만, 기술 철학에서도 기술 시스템이 자율적으로 발전하고 스스로를 유지하는 방식을 말할 때 사용한다. 지금의 인공지능은 어느 정도 자율적으로 데이터를 학습하고, 그 결과를 바탕으로 스스로를 개선해 나가는 일종의 자기 증식적 모습을 보이고 있다. 알파고 제로는 구글 딥마인드가 개발한 AI로, 인간의 바둑 기보를 학습하는 기존 방식에서 벗어나, 스스로 바둑을 두며 학습하고 능력을 발전시켰다. 알파고 제로는 처음에는 아무런 전략이나 데이터를 가지고 있지 않았지만, 수백만 번의 대국을 통해 스스로 전략을 개발하고 이전 버전의 알파고를 능가하는 성능을 보였다. 이 과정은 인간의 개입 없이 AI가 스스로 능력을 증식하고 발전시킨 대표적인 예다.

한편, 알고리즘 혹은 계산성(computation)은 전염성을 갖는다. 루치아나 파리시(Luciana Parisi)는 그의 저서 『전염성의 건축(Contagious architecture)』에서 '감염성(contagion)'이라는 비유를 사용하였는데, 계산은 단순한 기계적 연산이 아니라 인간의 인지 능력을 확장하고 세계와의 새로운 상호 작용 방식을 제공하는 능동적이고 창의적인 과정이라고 본다. 따라서 새로운 계산 방식, 즉 신박한 알고리즘은 바이러스처럼 빠르게 사회적 전파가 벌어지며, 계산 속에 담긴 아이디어와 감각, 그리고 경험의 세계적 확산이 가능하다. 계산이 감각이나 경험을 담는다는 것이 의외인데, 계산은 종종 비선형적이며 복잡성이 높은 예측 불가능한 결과들을 동반한다. 이 복잡성이 새로운 형태의 미학이나 감각을 담아낸다. 결국 새로운 계산의 확산은 기존 질서를 변화시키고 새로운 형식을 만들어 내는 동력이 된다. 이 과정은 인간-기계의 공진화 과정으로 볼 수 있는데, 여기서 인간의 창의성은 아주 증폭되거나 아주 무력화되기 쉽다.

초월 기술의 특성을 아는 것이 인공지능 시대에 경험

의 중요성을 이해하는 배경이 된다. 이전 기술과 달리, 기술 전이성, 양적 압도, 자기 증식성을 가진 초월 기술은 오직 현상과 경험을 통해 인간이 포착할 수 있기 때문이다.

02
기술 철학

초월 기술과 이 기술이 변화시키는 세상을 이해하는 데 철학의 도움이 필요하다. 일반 철학이 아닌 기술 철학은 기술을 사유의 대상으로 삼고 기술이 만드는 현상을 설명한다. 먼저 고전 기술을 설명해 온 상관주의에 대해 살펴보고 새로운 초월 기술을 설명하는 사변주의 실재론을 살펴본다. 두 이론과 더불어 하이데거의 물러남(withdraw) 개념을 통해 초월 기술이 드러내는 것과 감추는 것을 살펴본다.

AI와 MBTI?

상관주의

상관주의(correlationism)는 관계(relation)가 중심이다. 관계를 규정하기 위해 객체와 주체를 명확히 구분하는 게 중요하다. 그리고 우리는 인식된 주체, 객체, 관계를 통해 하나의 현실을 경험한다고 한다. 독일 철학자 이마누엘 칸트(Immanuel Kant)는 인간과 세계 간의 상호 작용이 모두 '인식'을 바탕으로 한다고 했다. 즉, 우리나 세계나 그냥 존재하는 게 아니라 특정 인식을 통해 인식의 대상과 관계로 경험되는 것이다. 따라서 어떤 인식이 개입했느냐에 따라 세상의 일부가 이 관계의 무대에 올라 상호 작용하게 된다.

상관주의는 인간과 기술 간의 관계를 이해하는 데 도움을 준다. 기술은 인간이 갖는 세상에 대한 인식을 바탕으로 특정 목적을 위해 설계되고 사용되어 왔다. 이는 기술이 단순히 물리적 객체로 존재하는 것이 아니라, 인간과의 상호 작용을 통해 의미를 얻는다는 점을 강조한다. 또한 상관주의는 기술의 경험적 차원을 강조한다. 우리는 기술을 직접 경험하고, 그 경험을 통해 기술의 의미를 이해한다. 이 관점에서 기술과 도구는 인간의 경험 세계에 깊이 뿌리박고 있으며, 우리의 인식 틀을 통해 해석된다. 상관주의적 접근은 기술에 대한 비판적 분석을 촉진

한다. 기술이 인간의 인식과 경험에 미치는 영향을 분석함으로써, 기술이 인간 사회에 어떤 의미를 가지는지, 그리고 그 의미가 어떻게 변화하는지를 탐구할 수 있다.

사변주의 실재

사변적 실재론(speculative realism)은 21세기 초반에 알프레드 노스 화이트헤드(Alfred North Whitehead)를 비롯해 알베르토 토스카노(Alberto Toscano), 그레이엄 하먼(Graham Harman) 등이 주창한 기술 철학 사조다. 그동안 사변(speculation)이란 단어는 부정적 뉘앙스로 쓰였다. 학생이 제출한 리포트를 읽고 교수가 'too much speculation'이라 했다면, 이는 '너무 뇌피셜로 쓴 것 아니냐'는 의미다. 뇌피셜은 근거를 바탕으로 하지 않고 개인이 맘대로 생성해 낸 논리를 말한다. Speculation의 반대말은 thoughtful 혹은 contemplation이다. 그럼에도 철학자들이 '사변'이란 단어를 쓴 것은 그동안 인식을 지배해 온 상관주의에 대한 비판적 자세를 견지하기 위해서다.

사변적 실재론은, 상관주의자들이 세계를 오직 인간 경험과 인식에 의해 구성된 것으로만 이해함으로써 세계의 독립적 실재를 무시한다고 비판한다. 사변적 실재론자들은, 철학이 인간의 인식과 무관하게 존재하는 세계의 진리와 실재에 접근할 수 있는 방법을 모색해야 한다고 한다. 따라서 사변적 실재론은 인간 중심적 사고를 넘어, 인간 외부의 존재와 사건들이 인간 인식과 무관하게 어떤 방식으로 실재하는지를 탐구한다. 이 접근은 자연, 물리적 법칙, 그리고 비인간 존재들이 어떻게 실재하고 상호 작용하는지를 이해하려는 시도로 이어진다. 사변적 실재론의 하위 운동 중 하나인 객체 지향 존재론(object oriented ontology)은 모든 객체가 독립적 실재를 가지고 있으며, 인간 인식에 의존하지 않는다고 주장한다. 이 이론은 모든 객체가 서로 상호 작용하면서도 각각 고유한 존재성을 유지한다고 본다. 사변주의 세부 주장들은 다음과 같다.

비인간 행위자의 인정

사변적 실재론은 인간 중심주의에서 벗어나 소프트웨어나 AI 같은 비인간 존재를 독립적인 실재로 인정하고, 이들이 세계에 미치는 영향을 중요하게 고려한다. AI는 단순한 도구나 인간의 연장선상이 아니라, 독자적인 실재로서 세계에 변화를 일으킬 수 있는 존재로 인식된다.

기술과 현실의 재구성

사변적 실재론은 기술이 현실을 어떻게 재구성하는지에 대한 깊은 이해를 제공한다. 기술은 기존의 현실 구조를 변화시키며, 새로운 형태의 현실을 창출한다. 예를 들어 AI와 알고리즘은 작게는 생활 도구로 편리성을 만들어 내지만, 크게는 사회적 현실 자체를 재구성해 낸다. 사회적 현실의 변화는 우리 삶의 지향을 바꾸고 가치 체계의 변화를 가져온다.

실재의 다양한 층위 탐구

사변적 실재론은 실재를 다양한 층위에서 탐구한다. AI는 단순히 하나의 층위에서만 작동하는 것이 아니라, 여러 층위에서 인간, 사회, 환경과 상호 작용한다. 이러한 상호 작용을 이해하기 위해 사변적 실재론은 AI의 기술적 작동 원리, AI 기술이 탑재된 객체, 객체와 객체 간의 관계, 이로 인해 발생하는 사회 문화적 결과를 나누어 살펴보게 한다.

인간과 비인간 동등 관계

AI는 단순한 도구가 아니라 인간과의 상호 작용을 통해 새로운 존재론적 지위를 얻게 된다. 이는 AI와 인간의 관계가 단순히 사용과 피사용의 관계를 넘어서, 상호적으로 실재를 구성하는 동등한 관계로 이해할 수 있음을 시사한다.

원리의 물러남

초월 기술의 시대에 '원리는 물러나고 쓸모는 주춤하고 현상은 약진'한다. 원리가 물러난다(withdraw)는 표현을 이해하기 위해 마르틴 하이데거(Martin Heidegger)의 설명이 도움이 된다. 물러남에 대해 하이데거가 설명한 유명한 '망치 이야기'가 있다. 망치를 손에 든 목수에게 망치는 망치가 아니라는 것이다. 우리가 젓가락질 할 때 젓가락의 존재를 느끼지 못하고 젓가락이 집는 음식에 집중하듯, 숙련된 목수는 못에 집중하고 망치는 순간 투명하게 느껴진다. 이런 예는 도구를 사용하는 여러 장면에서 확인된다. 통화를 위해 전화기를 귀에 댔을 때 전화기는 투명해지고 대화 상대가 부각된다. 총을 든 사수는 과녁에 집중하고 총의 존재감은 사라진다.

하이데거는 이런 모멘트를 ready at hand라고 한다. 대부분의 도구들은 이 상태에 도달해 쓰인다. 하지만 가끔 망치 자체를 느낄 때가 있다. 망치의 대가리가 헐거워 내리칠 때 불안한 경우다. 전파가 약해 소리가 끊기면 전화기와 기지국을 느끼게 된다. 즉, 도구의 구성 요소나 원리를 느끼는 순간들이 생기는데 이때를 present at hand라고 한다. ready at hand를 manifest-image라 부르고 present at hand를 scientific image라 한다.

Ready at hand와 Present at hand로 나눈 도구의 인식은 우리가 도구를 이해하는 데 중요하다. 도구가 잘 만들어지면 ready(준비)가 되지만 그렇지 못하면 present(제시)의 단계에 머문다. 우리가 추구하는 것은 ready의 상태이지 present의 상태가 아니다. 도구가 ready의 상태에 도달하기 위해선 아이러니컬하게도 '원리의 물러남(withdraw)'이 벌어져야 한다. 원리나 구성 요소가 부각되면 present의 상태를 벗어나기 힘들다. 물러남은 도구의 인터페이스를 설명하는 데 유용하다. 즉, 인터페이스는 ready를 표현해야지 present를 표현하면 안 된다. 인터페이스는 기능의 나열이 아니고 쓸모의 이야기가 되어야 한다.

기술이 발전할수록 물러남은 커진다. 자동차 변속기를 예로 들어 보자. 과거의 변속기는 변속기의 기어 구조를 그대로 닮았다. 수동 기어는 기어 메커니즘을 그대로 반영해 1에서 아래로 내리면 2, 2에서 한 칸 옮겨 위로 올리면 3, 내리면 4…. 하지만 우리가 '오토'라고 말하는 자동 변속기가 들어서면서 인터페이스는 R-D-N으로 축약된다. 보다 직관적이고 쓸모에 가깝다. 하지만 요즘 자동차들에는 주행에 세 가지 정도의 모드가 장착되어 있다. 'Normal, Sport, Eco'다. 차의 움직임을 보다 현상적으로 제시한다. 서문에도 설명한 테슬라의 Insane 모드는 현상학적 인터페이스의 사례다. 조만간 '분노의 질주 모드', '영국 왕실 쇼퍼 모드', '관광지를 안내하는 관광택시 모드' 등이 생기지 말란 법 없다.

03
현상의 약진

인공지능 시대에 현상학이 부각된다. 현상은 인간이 자각할 수 있는 사물의 모양과 상태, 특정한 일과 사건, 일련의 상황을 말한다. 그동안 사람의 관심은 사물의 영원한 본질이나 성질 그리고 용도나 의미에 있었다. 하지만 인공지능 시대에는 지금 잠시 나타나고 경험되며 곧 휘발되는 현상에 집중해야 한다. 현상이 사태를 파악하는 단서가 되기 때문이다. 여기서는 현상에 대해 설명해 보고 현상 폭증에 대해 이야기해 보려 한다.

AI와 난임 극복?

인스타 베이비

세 명의 아이가 있다. 아이들은 서로 다른 장소에서 태어나 자라났다. 첫 번째 아이는 도서관에서 태어났고 한 번도 도서관 밖으로 나가지 않았다. 이 아이는 책(인식)으로 세상을 배운다. 아이에게 세상은 인류의 지식 또는 지식의 구조와 닮았다. 이 아이에게 오대양 육대주는 명확한 경계선으로 나뉘어져 있고, 봄은 입춘 날 정확히 시작된다. 흙, 물, 바람에 대한 미묘한 느낌은 없지만 책에서 배운(book knowledge) 사실로 이해한다.

두 번째 아이는 쓰레기 매립지에서 태어났다. 도시에서 버려지는 사물들로 가득한 곳이다. 아이는 버려진 물건들을 통해 세상의 모습을 그려 본다. 도시 생활을 짐작하는 데에는 물건의 속성도 중요하지만 물건에 남겨진 사용감이 중요하다. 망가지고, 깨지고, 버려진 상태가 도시인의 삶을 짐작하는 근거가 된다. 이 아이는 눈앞의 명확한 증거(evidence)들로 세상을 이해한다. 상식과 편견 대신 증거의 고유성에 집중하는 모습은 범죄 현장의 과학수사관과 비슷하다. 예리한 눈으로 현장에 남겨진 발자국, 핏자국, 긁힌 흔적으로 어젯밤 벌어진 사건의 전모를 구성해 내기 때문이다. 사물과 사물의 흔적이 세상 파악의 출발점이 된다.

세 번째 아이는 방안에서 누워 온종일 영상을 본다. 인스타그램이나 틱톡을 통해 세상을 파악한다. 이 아이에게 세상은 현상의 합이다. 현상은 개별적으로도 존재하지만 덩어리져 나타나고 사라진다. 현상의 분포는 세상의 분포와 다르다. 어떤 것들은 더 크게 현상화되고 더 큰 존재감을 갖는다. 현상의 크기와 강도는 사람들의 관심과 같다. 현상에 담긴 관점도 중요하다. 지나친 숭배나 비난의 관점이 담긴 현상을 통해 사람들의 마음을 이해할 수 있다. 세상은 현상의 다갈래 흐름이고, 현상과 현상 간에는 유기적 연결성이 있다.

세 아이의 비유는 우리가 어떤 인식론에 기반해 세상과 본질을 이해하는지를 보여 준다. 첫 번째 아이는 존재론(ontology)에 기반한다. 존재론은 인간의 지식과 앎의 구조에 대한 철학이다. 세상을 앎의 단위와 체계로 구성해 낸다. 존재론은 인류의 지식 체계를 형성했고 우리가 배운 교육의 근간이 되었다. 모던 교육을 받은 우리는 다분히 세상을 존재론적인 관점에서 바라본다. 눈앞에 펼쳐진 산만하고 분주한 물질 앞에서 이를 그대로 보기보다 내가 아는 지식의 색안경으로 본다.

두 번째 아이는 자연 철학적 인간에 대한 비유다. 자연 철학은 후에 자연 과학으로 계승되었지만 사물의 관찰을 기초로 세상을 이해한다. 신의 계시가 아니라 명확한 증거, 밀접한 과학적 지식, 그리고 실험을 토대로 연역적 추론을 통해 세상을 이해한다. 이를 통해 물질을 구성하는 요소, 이들의 관계, 그리고 힘과 운동 등 우리 세계를 구성하는 물리적 세계를 이해했다. 이러한 실증주의적 태도를 영어로는 empiricism이라 부르는데 우리말로는 '경험론'으로 번역되어 혼동된다.

세 번째 아이는 현상학에 대한 설명이다. 지금 벌어지는 '사태'에 집중한다. 사물도 지식도 아닌 그 사태, 현상에 집중한다. 인공지능으로 현상이 난무하는 지금의 상황에선 이 방식이 세상을 파악하는 제일 나은 자세일지 모른다. 맥락이 제거된 지식이나 불필요하게 세밀한 사물의 관찰은 세상을 이해하는 데 도움이 되지 않는다. 경험과 의식의 구조들을 통해 본질을 포착하려는 노력이 지금의 현실을 사는 우리에게 중요하다.

현상과 경험이 중요하다는 점을 강조하기 위해 철학의 세 관점을 비교했다. 기술의 발전으로 우리는 센서로 포착된 데이터, 그리고 처리된 결과가 나타난 스크린을 통해 세상을 경험한다. 사물은 기호화되고 현상은 디지털로 포착되어 세상을 떠돈다. 기술로 매개된 경험에 맞춰 세상이 파악되고 조정되며, 우리의 인식도 재구조화되고 있다. 현상 중심의 세상에서 경험은 세상을 파악하는 유일한 텍스트가 된다. 따라서 현상과 경험을 천천히 집중해 바라볼 필요가 있다. 우리는 모두 세 번째 아이, 인스타 베이비인 셈이다.

현상이란 무엇인가

사전적으로 물은 다음과 같이 정의된다. 물의 분자 기호는 H_2O, 무색, 무취, 무미의 액체이며 상온에서 액체 상태로 존재한다. 물은 비열이 높아 열을 저장하는 능력이 크고, 용매로서의 성질이 뛰어나 다양한 물질을 용해시킬 수 있다. 물은 또한 표면 장력이 강해, 생물학적 과정에서 중요한 역할을 한다.

하지만 내 눈앞의 유리컵에 담겨 있는 물은 다르다. '찰랑거리는 표면, 손가락을 담그면 저항 없이 스윽 들어가고 휘저으면 작은 소용돌이가 생긴다. 약간 차가운 느낌이고 손을 들어 올리면 물기가 남고 바닥이 젖는다.' 이게 물에 대한 현상학적 인식이다.

현상학에서 현상은 눈앞에 벌어진 사태를 말한다. 그리고 그 사태, 즉 현상의 포착이 존재의 본질을 찾아가는 출발점이 된다. 누구에게 들은 이야기로 판단하는 게 아니라 내 몸으로 직접 경험하는 것이 출발점이 된다. 홍미로운 점은 하나의 사태 인식을 제대로 하면 다른 사태 이해에 도움이 된다는 것이다. 작은 물(컵의 물)에서 생긴 인식은 큰 물(바다)의 인식에 도움이 된다. 이 말은 개별적 현상으로도 사물의 본질에 접근 가능하다는 것이다. 이런 개별 현상으로부터 본질을 파악하려는 방향성을 '지향'이라고 한다.

현상학은 에드문트 후설에 의해 창시된 철학이다. 현상학은, 인간의 체험을 있는 그대로 보고 그 체험을 체험이게 만드는 본질적인 구성 요소를 파악하기 위해 현상을 분명하게 기술하고 이를 통해 체험의 본질을 탐구하는 과정을 제시한다. 이를 위해 1) 의식에 주어진 '사태 그 자체(현상)'를 재료로 삼고, 2) 주관이나 선입견에 의해 '현상'이 훼손되는 것을 막기 위해 일체의 선입견이나 판단을 보류하며(현상학적 환원), 3) 현상에 대한 의식 작용을 통해 모두에게 보편화될 수 있는 본질에 접근한다.

현상학은 체험을 탐구하되 실증적인 연구 방법을 택하지 않고 오히려 체험과 그 체험 속의 의식 현상 관계를 밝히는 데 관심이 있다. 의식 작용을 통해 체험 깊숙이 숨어 있는 의미를 밝히려 한다. 인공지능의 시대, 우리가 주목할 것은 현상이다. 철학이 처음 출발했을 때는 존재론이 중요했고, 과학이 발전하면서 유물론적 실증주의가 지배했다면, 지금은 현상이 세상을 파악하는 출발점이 된다.

현상의 폭주

우리 삶은 현상들에 포위되어 있다. 매일 맞닥뜨리는 현상의 양도 폭증하고 있다. 이 현상들은 인간이 만들기도 하지만 기계가 만들기도 한다. 인간이 만드는 현상은 영상의 형식으로 유통된다. 영상 형식은 현상을 담기에 적절하다. 사진이든 동영상이든 영상은 가볍고 복제가 쉽고 인터넷을 통해 빠르게 퍼진다. 과거에는 방송국이나 영상 제작자들이 영상의 생산자였다면 최근의 소셜 미디어들은 사용자들이 스스로 현장에서 현상을 담아 올린다. 이러한 영상들은 현장감 가득하고 시의성도 높다. 우리는 세계에서 벌어지는 다양한 현상들을 다시 내 손바닥에서 맞닥뜨리고 있다. 어느 지역에 천재지변이 벌어져 사람들이 고생하고, 어떤 새로운 댄스 챌린지가 유행 중인지를 모두 현상적으로 느끼고 있다. 밈과 픽업된 트랜드는 현상 만들기의 전 지구적 코드이며, 디지털 플랫폼은 현상 유통을 촉진하는 현상 증폭기다.

기계가 만드는 현상은 각종 센서, 빅데이터, 미디어 장치, 그리고 인공지능이 만든다. 우리가 디지털 장치로

받는 수많은 노티피케이션의 대부분은 기계가 만든다. 기계는 우리를 깨우고 참여하게 한다. 기계가 만드는 현상은 데이터 자체로 제공되기도 하지만 글이나 그림, 혹은 디지털 휴먼의 모습으로 나타나기도 한다. 기계는 인간이 만든 현상을 재편집 가공하기도 하고 페이크뉴스처럼 사실의 일부만 가져와 왜곡하기도 한다.

현상의 폭증은 인간 경험의 속도와 범위를 급격히 확장시켰다. 우리는 세계를 동시대적으로 살피는 감각을 갖게 되었고, 세계의 다층성과 주변성에 대해 이해한다. 이러한 변화는 인간이 경험하고 인식하는 모든 것이 끊임없이 변화하고 있다는 인식도 만든다. 현상을 살피는 직관이 발달했지만 휩쓸리고 있는 게 현실이다.

현상이 휘발되고 남는 게 경험이다. 즉, 경험은 '휘발되는 현상'을 '고정하는 텍스트'가 된다. 경험은 현상으로 구성되며, 현상은 경험을 통해 의미를 얻는다. 즉, 현상은 경험의 내용이며, 경험은 현상을 인식하고 해석하는 과정이다. 현상은 주관적으로 경험되지만, 현상의 이면에는 객관적인 실재가 존재한다. 따라서 현상은 주관적 경험과 객관적 실재를 연결하는 다리 역할을 한다.

04
경험이란 무엇인가

우리는 '경험'에 대해 너무 잘 안다고 생각한다. 친구들과 만나 수다를 떤다면 대화의 주제는 대부분 각자가 한 경험일 것이다. 생활 속에서도 곧잘 ‘경험했다’는 표현을 쓴다. 처음 자전거를 탔던 경험, 여름 바닷가에서의 휴가, 근사한 식당에서의 저녁 식사… 이런 것들을 경험이라고 알고 있다. 하지만 경험에 대해 깊이 살펴보면 복잡하기 그지없다.

AI와 사주?

경험의 정의

경험에 대해 사전에서 정의를 찾아보면 다음과 같다.

> 자신이 실제로 해 보거나 겪어 봄. 또는 거기서 얻은 지식이나 기능.
>
> Experience is the knowledge or mastery of an event or subject gained through involvement in or exposure to it.

사전은 경험을 '겪어서 앎'이라 정의한다. '겪어서'라는 것은 들어서 또는 배워서와 대비되며 내가 직접 해야 함을 의미한다. '앎'은 지식을 통해 내가 변화됨을 말한다. 즉, 내가 직접 체험함으로 얻어진 변화를 말한다.

영어로 경험은 Experience이다. Experience의 어원에는 'try out, test'의 뜻이 들어 있다. 이는 신체적 상호작용과 간섭의 의미를 가지고 있다. 즉, 세상에 직접 부딪히며 알게 된 것을 말한다. 독일어로는 두 가지 정의가 있다.

> Erlebnis: Conscious experiences felt deeply, lived 'through', or personally felt, isolated and identifiable experience.

Erfahrung: Everyday experience that is undergone - perhaps unremarkable or not very memorable, our cumulative set of separate experiences that have contributed to our life-experience and our phenomenal view.

우리가 흔히 말하는 경험은 Erlebnis에 가깝다. 특이한 방식으로 우리에게 흔적을 남기는 우연하며 갑작스런 사건(event)을 중심으로 한 경험 말이다. Erlebnis에는 특정한 감정(좋다, 흥분된다, 슬프다)이 흔히 결부된다. 이에 비해 Erfahrung은 생활 속에서 길게 벌어지며 의식하지 못하지만 그 누적이 어떤 깨달음이나 습관의 변화를 가져오는 걸 말한다. 감정적으로도 다소 중립적이지만 중요한 내적 변화의 경험이다.

경험과 관련된 주변 개념을 정리하는 것도 경험의 이해를 돕는다.

체험(體驗): 체험의 '체'는 몸을 의미함으로 몸으로 실증해 감을 의미한다. 즉, 몸을 던져 지식을 얻는 적극적 활동을 말한다. 농촌 체험, 1일 알바 체험과 같이 새로운 환경에 자신을 집어넣어 겪는 활동을 말한다.

Lived Experience: 최근 주목 받는 단어이다. 이는 경험 자체보다 경험이 미친 영향을 논할 때 언급된다. 단순한 사건의 나열을 넘어, 그 경험이 개인에게 어떤 의미를 가지며, 그들의 인식과 세계관에 어떤 영향을 미쳤는지에 대한 깊은 이해를 필요할 때 lived experince라는 표현을 쓴다. 여성의 초경이나 출산, 남성의 변성기 또는 사고로 인해 장애 등 신체적으로 큰 변화 또는 성 소수자나 다문화 존재처럼 차별과 갈등의 대상이 되었을 때의 경험을 말한다. 이런 상황에서 개인은 엄청난 과정을 겪지만 개인적인 일로 또 내적인 일로 치부해 이야기하거나 논의되지 않아 왔었다. 하지만 지금은 인간을 이해하는 데 중요한 자료로서 질적 연구의 주제로 등장한다.

원형적 경험(archetypal experience): 심리학과 신화학에서 주로 사용되는 용어로, 인간의 집단적 무의식에 깊이 뿌리박힌 원형(archetype)과 관련된 경험을 말한다. 이러한 경험은 특정 개인에게 국한되지 않고 전 인류에게 공통적으로 나타난다. 예를 들면 영웅의 여정, 어머니와 딸의 갈등 같은 것이다.

원체험(原體驗): 인간이 자신과 세계를 처음으로 인식하는 초기 경험으로, 이 경험은 모든 후속 경험의 기초가 된다. 이는 각 개인에게 고유한 체험으로, 이후 삶의 다양한 측면에 깊이 영향을 미칠 수 있다.

선험적(先驗的, a priori): 철학적 용어로 '선험적 지식(a prior knowledge)'이란 표현으로 쓰인다. 선험이란 경험이나 지식 없이도 알 수 있는 것을 말한다. 이는 선천적 지식과는 다르다. 선험은 시간적으로 앞선과도 다르다. 즉, 인식의 체계 속에서 겪지 않아도 알 수 있는 영역들을 의미한다.

경험에 대한 주변 개념이 다양한 것은 그만큼 경험이 우리 삶을 이해하는 중요한 매개로 사용되기 때문이다. 때론 철학적이고 때론 생활적인 정의가 공존하는 것 역시 경험이 추상적이며 동시에 구체적인 무엇이기 때문이다.

어센티시티

우리에게 벌어지는 모든 일이 경험은 아니다. 어센틱(authentic)은 경험과 경험 아닌 것을 구분할 때 자주 사용된다. 한글로는 '진정성'으로 번역되지만 요샛말로는

'찐'에 해당한다. 여기선 뉘앙스를 살리기 위해 영어 그대로 사용한다. 어센틱에 대해 크게 두 가지로 설명이 가능하다.

생활 수준에서, '그 경험 정말 어센틱한데?'라는 표현을 한다면 이는 경험의 밀도나 강도가 클 때다. 혹은 경험이 진본에 가깝다고 느끼면 어센틱하다는 표현을 쓴다. 카레를 예로 들자면, 3분 카레에 비해 이태원 인도 식당의 인도인이 서빙하는 카레가 어센틱하고, 이태원보다 인도 현지의 뜨거운 태양 아래 손으로 먹는 카레가 더 어센틱하다. 어센틱이 이렇게 쓰일 수 있는 건 경험이 하나의 진본(original)이 있거나 혹은 수많은 경험의 모사본(copy)이 존재한다는 가정에서 출발한다. 실제로 이 표현은 1990년대 체험 경제 시대에 많이 쓰였는데, 그 시대에는 경험 모사품이 많아져 경험 진본을 강조하기 위해 '어센틱'이란 표현이 널리 쓰였다.

철학적으로는, 하이데거가 어센틱에 대해 정의한 적이 있다. 하이데거는 우리의 삶이 어센틱 모멘트(authentic moments)와 인어센틱 모멘트(inauthentic moments)로 구성되어 있다고 했다. 어센틱 모멘트는 환경이 바뀌는 등의 이유로 민감해져 경험하는 모든 것에 온 신경이 집중하는 순간을 말한다. 약간의 불편함 또는 불안함을 동반하기도 한다. 이런 순간에, 우리는 환경에도 집중하지만 경험하는 자신에게도 집중한다. 이때가 의미 있는 경험이 만들어지는 순간이다. 그래서 첫 경험이 중요하다. 한스게오르크 가다머(Hans-Georg Gadamer)는 "오리지널하며 새로운 경험은 한 번만 발생한다. 그러고 나서의 모든 경험은 첫 경험의 반복이다"라고 했다. 첫 경험은 하이데거의 기준으로 어센틱하다. 온갖 신경이 곤두서고 환경에 집중한다. 인식의 트임이 생김을 느끼게 된다. 하지만 두 번째 경험은 그만큼의 예민함이 없다.

반면, 인어센틱한 순간들은 일상적이고 습관화되어 의식이 별로 개입하지 않는 순간들이다. 아침에 몽롱한 정신에서 양치질을 한다든지, 무의식적으로 통근버스에 올라타고 부지불식간에 버스비를 지불하는 것들이 이에 해당한다. 일상의 순간들은 이 두 가지가 섞여 벌어진다. 물론 대부분의 시간은 인어센틱한 순간들이다. 따라서 어센틱한 순간들(Erlebnis)이 삶에 중요한 의미를 갖는다고 생각하기 쉽다. 하지만 길게 벌어지는 인어센틱한 경험(Erfahrung) 역시 나를 설명해 주는 경험이다. 따라서 경험 관찰을 하기 위해서는 어센틱한 것과 아닌 것을 모두 살펴볼 필요가 있다.

인식의 트임

경험은 우리에게 어떤 의미가 있을까? 경험은 '인식의 트임'이 벌어지는 순간이다. 사람은 살아가는 동안 하나의 '인식의 틀'을 형성하고 유지한다. 인식의 틀은 개인이 세상을 이해하는 인식들의 합이다. 하지만 어떤 이유에서 인식의 틀이 변화를 겪는다. 주로 외부적 자극이나 환경의 변화가 시작인데, 낯선 이벤트는 인식의 틀에 혼란을 가져온다. 개인은 이 혼란을 여러 방법으로 풀게 되고 이 과정에서 새로운 절차가 몸에 들어온다. 이때 인식의 트임이 발생한다. 새로운 사건과 경험을 통해 인식의 틀은 한 켜 두터워진다. 마치 나무의 나이테가 한 켜 늘어나는 것과 비슷하다.

인식의 트임 예시를 들어 보자. 고속도로를 달리던 자동차의 타이어에 바람이 빠졌다. 차체를 통해 느껴지는 불규칙한 진동은 나를 당황하게 만들고 일단 갓길에 차를 세운다. 고속도로 갓길에 차를 세워 본 적도 처음이라 위험을 느낀다. 처음 당하는 일로 곤궁스럽다. 문제 해결을 위해 스스로 타이어를 교체해 보려 하지만 방법을 모른다. 부끄러움을 무릅쓰고 보험 회사에 연락하니 30분 뒤에 서비스를 보내 준다고 한다. 달리는 차들을 피해 노지에서 기다리다 레커차가 도착한다. 기사는 차의 한

쪽을 들어 올리고 트렁크에서 얄팍한 스페어타이어를 꺼내 갈아 끼운다. 일련의 과정은 한 시간 안쪽으로 끝났고 나는 현장을 벗어났다. 이 경험은 나에게 작은 인식의 트임을 만들었다. 비슷한 상황에 더는 놀라지 않을 것이며, 지금 배운 방법과 절차를 익숙하게 사용할 것이다.

경험을 인식의 트임으로 정의하면, 우리는 경험을 통해서만 성장하게 된다는 걸 알게 된다. 다른 한편으로 '나는 경험의 합'이라고 볼 수 있다. 따라서 경험을 많이 하고 좋은 경험을 하는 것은 내 성장에 도움이 된다.

05
자연 경험

경험의 네 가지 양식을 살펴보려 한다. 그 첫 번째는 자연 경험(natural experience)이다. 자연 경험은 우리가 자라나면서 겪은 거의 모든 경험들로 달리고, 넘어지고, 부딪히고, 뜨거운 컵을 만져 놀라고… 이러한 일상의 경험들이다. 경험을 쌓는 과정에서 우리는 몸과 우리를 둘러싼 환경에 대한 이해를 갖게 된다. 자연 경험은 나머지 경험 양식들이 갖는 공통 특징을 잘 보여 준다.

AI와 아이돌?

시간성

경험은 시간 위에서 벌어진다. 인간 의식을 형성하는 강력한 축이 시간이기 때문이다. 우리의 활동은 과거, 현재, 미래로 기억되고 정리된다. 이 기억이 우리의 인식을 만드는 재료가 된다. 그리고 기억은 시간 성분을 품고 있다. 그래서 대부분의 경험 기록들이 시간 순으로 정리된다. 여행기나 상품 개봉기 등이 그렇다. 인간이 스스로를 인식하는 자아 역시 스토리 형식을 갖는데, 스토리 역시 시간을 기반으로 한다. 한편, 시간은 감각의 축이기도 하다. 이는 우리의 인지 작용이 동시적(parallel)이기보다는 순차적(sequential)이기 때문이다. 달리 표현하면 우리는 시리얼 머신(serial machine)이다. 한 번에 하나씩 정보를 처리한다. 글자를 읽을 때도 한 자씩 읽고, 말을 할 때도 한 음절씩 말하거나 듣는다. 그림이나 공간을 감상할 때도 우리의 주의(locus of foci)는 공간을 더듬지만 한 번에 한 군데만 보게 된다. 따라서 외부에서 벌어지는 일은 시간 순서 위에 놓여 인지적으로 흡수된다.

총체성

경험에는 우리의 모든 감각이 동원된다. 단일 감각의 경험도 있지만 임팩트가 큰 경험은 오감과 이성이 동시에 작동한다. 그래서 총체적(holistic)이라 한다. 상황을 파악하는 것은 하나의 감각일지 모르지만 몸의 대응 과정에서 다른 모든 감각들이 총출동한다. 그래서 먹고, 마시고, 운동하고, 만져 주는 오감이 총동원되는 몸을 매개로 한 경험은 강력하다. 총체적 경험의 예시를 하나 들어 보자.

회식이 끝나고 집에 가다 맨홀에 발을 헛디뎌 하수구에 떨어졌다. 먼저 발이 허공을 헛짚으며 몸이 도는 이상한 감각을 경험한다. 바닥에 떨어질 때는 충격에 아픔이 엄습하고 이후 시궁창 냄새와 축축함이 느껴진다. 손에는 미끈한 촉감, 사물을 분별하기 어려운 어두움, 물방울 떨어지는 소리가 들린다. 팔꿈치는 까져서 아프고 입에서는 쇳내가 난다. 귀로는 땅 위의 차 소리가 들리고 동그란 구멍으로 노란 가로등 불빛이 보인다. 고통스런 설정이긴 하지만 감각이 총동원된 총체적이고 강렬한 경험의 예시다.

일관성

하나의 경험은 하나의 덩어리짐, 혹은 일관성(unity)을 갖는다. 그래서인지 우리는 하나의 경험이 시작되고 끝

남을 본능적으로 알 수 있다. 일관성은 하나의 경험을 다른 경험과 구분하는 기준이 된다. 경험의 덩어리짐은 하나의 기분이 지속되는 구간을 말한다. 소풍의 기분은 소풍날 새벽 어머니의 김밥 마는 소리에서 시작되어, 소풍지에서 겪는 다양한 일들, 그리고 끝나고 집으로 바로 오지 않고 친구들과 피시방 들르는 것에서 끝날 것이다. 이 지속되는 느낌이란 아마도 교실이 아닌 야외에서 학급 동료들과 하루를 보내는 일일 것이다. 이처럼 경험은 시작과 끝이 모두에게 똑같지 않지만 덩어리져 있다.

경험의 이름은 이 덩어리의 특징에서 찾아지곤 한다. 경험 전체를 아우르는 성격 또는 경험 내에 가장 강력한 신(scene)인 '시그니처 모멘트'가 특징이 된다. 소매치기 당한 경험, 비행기 놓친 경험, 접촉 사고 난 경험 등 경험의 이름은 핵심 인상에서 온다. 경험의 이름이 중요한 이유는 경험과 경험을 비교할 때 참조의 근거가 되기 때문이다. 하나의 경험을 설명할 때 우리는 '~과 비슷한 경험'이란 표현을 쓰는데 이는 경험은 다른 경험으로 설명하는 게 편하기 때문이다.

재경험

경험은 '인상(impression)'의 합이고 인상은 경험의 재료다. 그렇다면 인상이란 무엇인가? 인상은 사전적으로는 우리의 사고나 감성 등에 강하게 영향을 미치는 무엇, 외부적 요소에 의해 마음에 생긴 이미지로 정의된다. 인상은 찰나(ephemeral)에 생기고 사라진다. 인상은 외부 자극 중 수용자의 내부 상태와 호응될 때 밀고 들어온다. 우리가 감각하는 많은 일들 중 어느 것이 인상이 될지 미리 예측하기 어렵다. 그래서 결정적 순간이 지난 뒤 카메라를 꺼내는 일이 생긴다. 인상은 비언어적이라 묘사하거나 객관화하기도 어렵다. 마음에 아로새겨진 것이니 밖으로 꺼내 소통하기 어렵다. 하지만 우리는 중요한 인상을 본능적으로 안다.

경험이 끝나고 돌아오는 길에 친구에게 전화 걸어 방금 한 경험을 설명한다면 이때 우리는 경험에 대한 재경험을 하게 된다. 재경험은 날것의 경험 요소 중 일부를 선별해 하나의 경험 인식물을 만드는 과정이다. 사실 경험이 진행되는 동안 우리는 경험에 집중하지 않는다. 따라서 재경험이 경험을 경험으로 만드는 순간이다. 재경험 과정에서 우리는 경험을 선별하고, 특정 부분을 강조하고, 의미를 부여하는 등 많은 변형을 가한다. 그래서 경험 자체는 과거일지 모르나 모든 재경험은 현재 시점이다. 경험 채집을 위해 인터뷰를 하게 되면 우리는 변형된 재경험을 듣게 될지 모른다. 만약 원재료를 보고 싶다면 경험이 벌어지는 순간의 기록들, 사진 · 글 · 대화들을 모아야 한다.

주관성

경험은 지극히 개인(personal)적이다. 주관적 인식이다. 같은 이벤트에서도 개인별로 느끼는 바가 다르고, 같은 일이라도 어제와 오늘의 경험적 느낌이 다르다. 그래서 세상에 똑같은 경험은 없다. 시간, 공간, 참여자, 맥락에 따라 경험은 미세하게 달라진다.

공동 경험(co-experience)은 두 명 이상의 사람들이 특정 경험을 동시에 하거나 서로의 경험에 영향을 미치는 것을 말한다. 친구들과 함께 쇼핑을 하거나 온라인 게임을 하고 소셜 미디어를 통해 실시간으로 반응을 주고받는 것 등이 이에 해당된다. 공동 경험은 개별 경험과 다르다. 서로가 서로에게 영향을 주기에 개인 경험에 집중하기 어렵다. 따라서 경험에 오롯이 집중하고 싶다면 혼자 경험하는 것이 맞다. 둘이 같이 경험하게 되면 약한 개인 경험 두 개와 큰 공동 경험 하나가 생긴다.

경험이 개인적이고 주관적이라면 특정 경험의 객관적 기술이 가능할까? 경험의 개인성에도 불구하고 우리는 세상에 비슷한 경험이 존재한다는 걸 안다. 선배의 경험을 후배가 언젠가 하게 되고 조건이 비슷하다면 유사한 경험들이 발생할 것이다. 이는 주관적 경험 사이의 큰 공통분모가 존재하기 때문이다. 다수의 경험을 누적해 보면 '경험의 공통점'을 발견할 수 있고, 이것이 경험에 대한 객관적 기술이 된다.

고유 수용 감각

자연 경험은 고유 수용 감각의 발달이다. 고유 수용 감각(proprioception)은 팔다리 등 몸의 각 부위가 어디쯤 가 있는지를 아는 균형감 또는 체화 감각이다. 위치각, 운동각, 저항각, 중량각에 따라 몸의 각 부분의 위치, 운동의 상태, 몸에 가해지는 저항, 중량을 감지하는 감각이기도 하다. 피부 밑의 감각이라 하여 심부감각이라고도 불린다. 고유 수용 감각이 발달하면 눈을 감고도 복잡한 행동을 할 수 있다. 유아가 걷고 달리고 계단을 오를 수 있는 건 시행착오를 통해 고유 수용 감각이 자리 잡았기 때문이다. 일상생활을 넘어 운동선수가 되는 과정은 고유 수용 감각을 극단으로 발달시키는 일이다. 보지 않고도 같은 편에게 공을 패스하거나 날아온 공만 주시하고도 손을 뻗어 공을 잡는 것은 코디네이션 감각이 발달했기 때문이다. 도구나 운동 기구를 쓰는 것을 고유 수용 감각의 확장이라고 한다. 젓가락질하거나 라켓을 써서 공을 치는 것이 그 예다. 좁은 길을 운전하면서 차의 끝을 내 몸처럼 느끼는 것도 비슷한 예다. 음악가들이 악기를 연주하는 것도 마찬가지다. 특정 음과 음의 연속을 만들기 위해 본능적으로 손가락을 움직이는 것은 고유 수용 감각 확장의 결정체다. 그 외에도 이물감 없이 옷이나 신발, 안경을 쓰고 생활하는 것은 피부나 작은 근육이 새로운 도구에 조정되었음을 말한다. 정리하자면, 자연 경험은 고유 수용 감각의 발달과 확장의 과정이라 할 수 있다.

06
인공 경험

인공 경험(fabricated experience)은 자연 경험과 대비되는 경험이다. 자연 경험은 경험의 대상을 있는 그대로(intact) 두고 경험자인 우리가 동선의 결정권(control)을 갖는다. 반면, 인공 경험은 의도된 경험이 벌어지도록 만들어진 경험 구축물을 통과하며 얻는 경험을 말한다. 현대 사회를 사는 우리는 인공물(artifact)들에 둘러싸여 있기에 일상생활이 인공 경험의 연속이라 볼 수 있다.

AI와 야구?

체험 경제

1990년대는 풍요의 시대였다. 경기가 좋아 구매력이 증가하고 공업 생산력 또한 증가해 상품이 넘쳐났다. 상품뿐 아니라 금융, 관광, 디자인 같은 만질 수 없는 산업도 엄청난 성장을 했다. 상품이 늘어나다 보니 광고와 브랜딩을 통한 차별화가 시도되었다. 상품과 서비스 경쟁을 위해 '차별화(differentiation)'가 중요해지면서 '경험'이 차별화의 대상이 되었다. 조지프 파인(B. Joseph Pine II)과 제임스 길모어(James H. Gilmore)는 『체험 경제(The experience economy)』에서 산업이 커모디티, 프로덕트, 서비스 경제를 넘어 경험 경제의 시대에 돌입했다고 말했다. 이 과정에서 '상품의 경험(experience of commodity)'이 '경험의 상품화(commoditizations of experience)'로 전환되었다. 이런 변화는 식당이나 상점과 같은 소비자 산업에서 많이 나타났다. 복고풍 테마를 갖춘 식당 TGI프라이데이스(TGI Fridays)나 록 음악 분위기의 플래닛할리우드(Planet hollywood)는 테마를 제시하고 이에 맞는 장식, 복장과 직원의 대응으로 경험적 차별성을 만든다. 물론 활황의 시기는 오래가지 않았지만 경험을 통한 상품의 차별화는 그 이후에도 계속된다. 스타벅스는 경험 엔지니어링을 통해 평범한 카페 경험

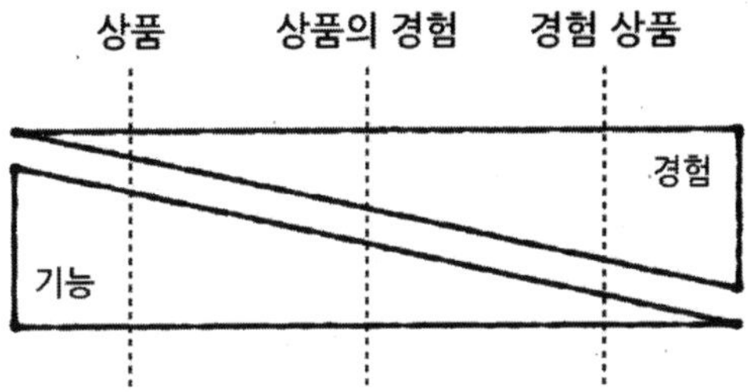

그림 6-1. 상품 경험과 경험 상품의 연속성. 저자 그림.

에 큰 변화를 가져왔다. 20년이 지나 스타벅스는 리저브, 사이렌오더, 드라이브 스루 등의 경험 개선을 만들어 냈다. 애플스토어 역시 상품 디스플레이나 점원의 훈련과 프로토콜, 그리고 결제 방식에서 전에 없던 경험을 만들어 냈다.

상품에 경험이 결합되는 것을 이해하기 위해 위의 그림을 그려 보았다. 우리가 구매한 것이 기능이 대부분이라면 전통적인 상품이고 경험이 대부분이라면 경험 상품이다. 경험 상품의 대표적 사례는 방 탈출이나 테마파크다. 경험 제공이 끝나면 우리는 손에 쥔 것 없이 그곳을 빠져나온다. 다만 흥미로운 경험만 마음 한가득하다.

반면, 기능만 제공되는 전통적인 상품은 다이소나 노브랜드 숍에서 찾아볼 수 있다. 기능 가득한 제품을 들고 나오지만 상품에 대한 고유한 경험은 없다. 경험과 기능의 스펙트럼 중간에 다양한 경험과 기능의 혼재된 상품이 있다. 분위기 좋은 식당이나 카페, 특별한 경험을 제공하는 리테일은 이 중간 어디인가에 있다.

서비스

체험 경제 시대를 전후해 서비스 산업이 크게 발달한다. 서비스는 무엇인가? 쉽게는 용역이라 하는데, 물리적 재화와 반대되는 개념이다. 티백에 담긴 잎차가 상품이라면 전통 찻집에서 잘 우려낸 녹차를 건네받는 경험은 서비스다. 서비스는 개인이 남을 위해 일하는 행위를 말하는데, 교사의 수업, 이발사의 미용, 일용직 근로자들의 노역이 이에 해당한다. 널리 알려진 서비스의 특성은 크게 네 가지다. 첫째로, 서비스는 형태가 없기 때문에 다양한 주변 증거로 서비스를 보여 주어야 하는 무형성(intangibility)이다. 둘째로는, 서비스 생산과 소비가 따로 분리될 수 없고 서비스가 전달되는 상호 작용을 통해 제공자와 소비자가 서비스 결과에 동시적으로 영향을 받는 비분리성(Inseparability)이 있다. 셋째로는, 서비스는 생산되어 보관될 수 없고 생산되는 순간 사라지는 소멸성(Perishability)이 있다. 넷째로, 서비스는 재화가 아닌 경험을 제공해 주는데 소비자가 얻는 경험마저도 개인의 인식과 주관 등에 따라 변하게 되어 똑같은 서비스가 없다는 이질성(Heterogeneity)을 든다. 이와 같은 맥락에서 서비스는 고객 접점, 가시화, 경험 가치 등의 경험 구축에 대한 고민을 하게 된다.

서비스가 고도화되면서 파생되는 이슈들이 불거진다. 첫째, 감정 노동의 문제다. 서비스 이면에는 사람이 있고 '일에 대한 연기(performance)'가 서비스의 핵심이다. 따라서 수행자의 역할이 중요한데 서비스 역할에서 '감정 노동'이 발생한다. 자연인으로서의 나를 내려놓고 서비스 제공자로서의 역할을 하기에 감정 스위칭은 인지적 부담이 크다. 요즘 표현으로 '영혼 탈착'을 해야 하는데 개인에게 상당히 지치고 혼란스러운 일이다. 다른 이슈는 서비스의 성 역할, 인종 역할이다. 어떤 서비스 역할은 여자가 혹은 남자가 맡아야 자연스럽다고 생각된다는 것, 특정 역할은 특정 인종이 서비스할 때 어센틱하다고 생각하는 것이 차별의 문제를 낳는다. 서비스의 성/인종 역할은 시대에 맞는 능동적 변화가 필요하다. 마지막으로, 서비스의 발달은 '프로세스화(process-rization)'을 가져온다. 무형의 서비스에서 절차를 뽑아내고 단계별로 고쳐 나간다. 하지만 이 과정에서 모든 서비스들이 비슷해지는 결과가 생긴다. 절차가 비슷해지면 호환성이 높고 인력 대체도 용이하다. 하지만 모든 서비스가 비슷해지면 차별점이 사라진다. 서비스의 고유함을 살리기 위한 절차 디자인이 필요하다.

경험선과 경험소

인공 경험을 구축하는 일반적인 방법을 소개해 본다. 먼저 경험을 경험의 요소인 '경험소'로 나누는 것이다. 그리고 경험소들이 놓인 '경험선'을 살펴보는 것이다. 경험 디자인은 각각의 경험소를 개선하거나 경험선 위의 경험소를 시간적으로 재배치하는 일이다.

경험을 분해하기 전에 경험의 시간 스케일을 나누어 생각해 볼 수 있다. 경험 생애(experience life cycle)는 며칠, 몇 달 또는 몇 년에 걸쳐 벌어지는 긴 경험을 말한다. 반면, 경험 여정(experience journey)은 몇 분, 혹은 몇 시간 안에 벌어지는 단일 행동 주변의 경험을 말한다. 자동차를 구매한 뒤 몇 년간 잘 주행하다 고장이 나서 수리 받고 폐차하는 경험은 몇 년에 걸쳐 지속되는 긴 경험이다. 반면에 주차장에서 출차해 시내 주행 후 목적지에

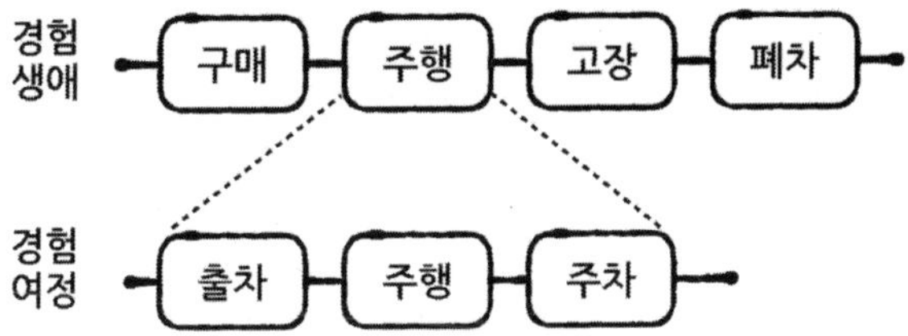

그림 6-2. 경험 생애와 경험 여정. 저자 그림.

주차하는 것은 몇 시간 안에 벌어지는 짧은 경험이다. 대부분의 경험 엔지니어링은 경험 여정 수준의 짧은 경험 엔지니어링을 말한다.

경험 분석 시작 전에 주의할 점은, 해당 경험 전후에 벌어지는 사전 경험(pre experience)과 사후 경험(post experience)에 대해 살펴보는 것이다. 경험은 시간상에 벌어지기에 사전 경험은 본 경험에 영향을 미친다. 특히 사전 경험은 본 경험에 진입하는 여러 경로와 기대감에 대한 아이디어를 주기에 사전 경험을 살펴보는 것은 중요하다. 사후 경험은 경험이 끝나고 난 뒤 사용자가 그 경험을 어떻게 정리하고 공유하는지에 대한 흔적이다. 이를 통해 경험이 어떻게 마무리되고 평가되는지를 확인할 수 있다. OTT 경험 분석을 위해서는 넷플릭스 안에

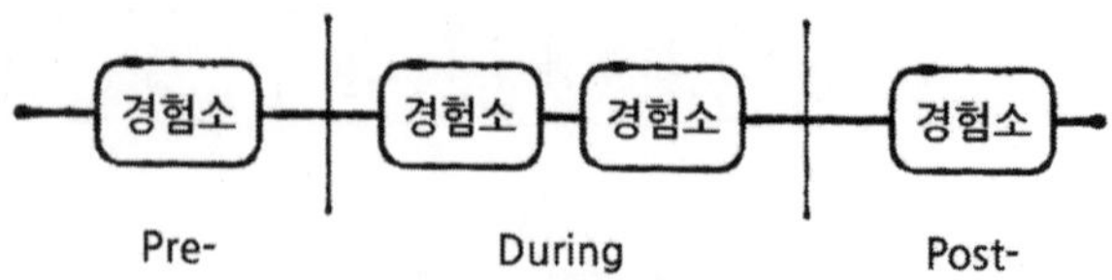

그림 6-3. 사전, 사후 경험. 저자 그림.

서 벌어지는 경험만 보지 말고, 영화에 대한 최초 정보를 얻는 미디어와 영화 관람 후 SNS를 통해 공유하는 과정 등을 살펴보는 게 중요하다.

경험의 분석은 하나의 '일관성(unity)'을 중심으로 경험의 시작점과 끝점을 살펴보는 것으로 시작된다. 쇼핑 경험이라면 카트를 뽑는 순간부터 봉투에 상품을 담아 나오는 순간이 경험의 경계다. 경험의 덩어리를 분해하기 위해 경험을 경험소로 나누게 되는데, 흔히 하는 실수는 경험 대신 과정에서 벌어지는 일련의 행동이나 과업(task)을 나열하는 것이다. 학교 식당에서 있었던 점심 식사의 경험을 분석할 때 행동 나열을 하면, '식당 찾아가기-줄 서기-배식 받기-계산하기-자리에 앉기-퇴식하기'로 나눌 수 있다. 하지만 이는 일의 순서이지 경험의 순서는 아니다. 경험소 분해를 위한 팁으로는 터치 포

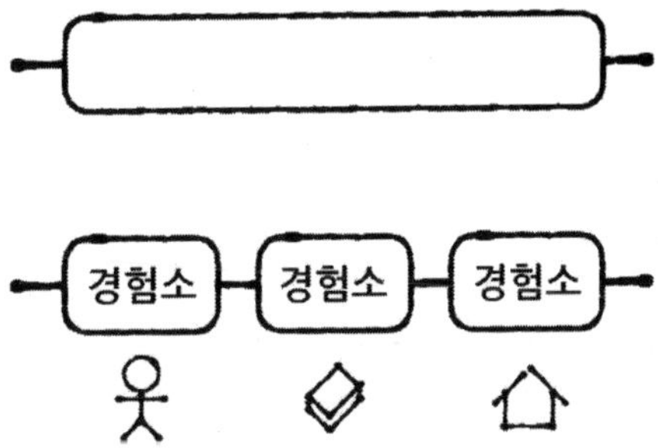

그림 6-4. 경험, 경험소, 그리고 터치 포인트. 저자 그림.

인트(touch point)를 살펴보는 것이다. 터치 포인트는 비명시적 사용자의 니즈가 명시적 시스템과 접하는 접점을 말한다. 때로는 키오스크 같은 기계가, 때로는 상품과 같은 사물이, 때로는 사람과 같은 서비스 제공자가 터치 포인트일 수 있다. 학교 식당에서 접하게 되는 터치 포인트들은, 대기 번호표 뽑는 장치-두개의 경로가 있는 배식대-오늘의 요리를 설명하는 영양사-무게로 가격을 정하는 계산대-실시간 빈자리 보여 주는 모니터-잔반을 환경 지수로 알려 주는 디스플레이일 것이다. 식별된 터치 포인트에서 벌어지는 경험을 묘사하면 훨씬

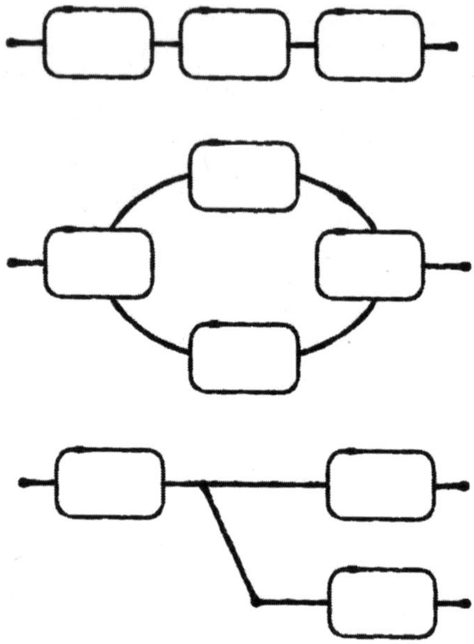

그림 6-5. 경험선: 선형, 순환, 분기. 저자 그림.

수월하게 작성할 수 있다.

경험소의 나열이 경험선이다. 경험선이 꼭 선형(linear)일 필요는 없다. 대부분 선형적이지만, 순환적(circular)인 경험도 있고, 분기점을 갖는 경우도 있다. 호텔 투숙 경험은 체크인에서 체크아웃까지를 보면 선형적이지만

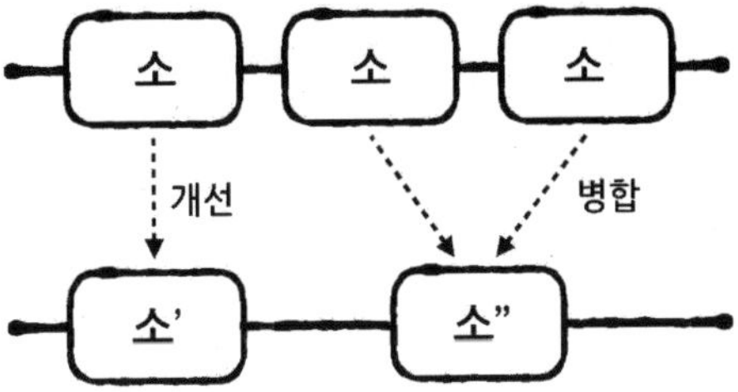

그림 6-6. 경험소의 개선. 저자 그림.

매일 조찬 먹고 가방 챙겨 관광한 뒤 목욕하고 잠자리에 드는 것처럼 반복적이고 순환적이기도 하다.

경험의 개선은 경험소를 개별적으로 개선함으로써 가능하다. 사람들이 만족하지 못하거나 혼란스러워하는 경험소를 찾아내 그 내부의 문제를 해결하는 것이다. 경험소의 경험적 측면을 강조하거나 터치 포인트의 모달리티를 변경하거나 필요한 정보를 추가하는 등의 개선 방법이 가능하다. 그 외에도 복잡한 경험을 단순한 경험으로 분리하거나 불필요하게 분리된 경험들을 병합하는 것도 방법이 된다.

경험의 순서도 경험에 크게 영향을 미친다. 경험소의

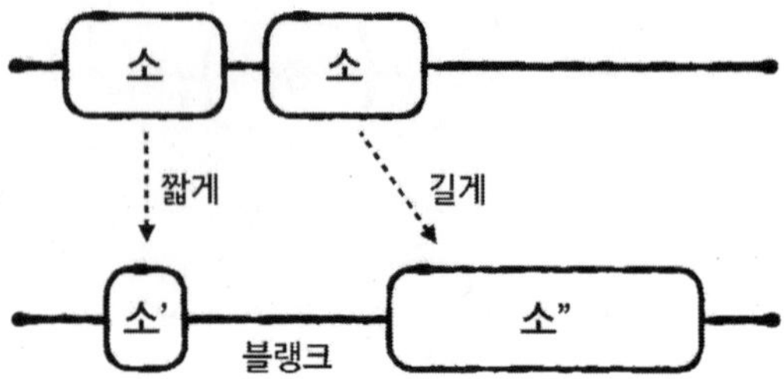

그림 6-7. 경험의 시간적 조절. 저자 그림.

시간적 배치를 바꿈으로 경험을 바꿀 수 있다. 일본의 라면집은 입구에 자판기가 있어서 라면을 고르고 계산을 먼저 한다. 이 경험이 좋은지 나쁜지는 모르겠지만 다른 경험을 제공하는 것이 분명하다.

경험은 시간적으로 벌어지기에 경험이 지속되는 시간도 중요하다. 경험선에서 경험이 벌어지는 속도와 밀도가 중요하다. 경험의 속도를 느리게 또는 빠르게 하는 것도 다른 경험이 된다. 한편, 경험과 경험 사이의 쉼 또는 공백도 중요하다. 경험 사이에 의도적으로 기다림을 넣을 수도 있고 불필요하다면 공백을 생략할 수도 있다.

경험 설계가 잘 되었는지의 판단 기준은 새로운 경험

이 과거의 경험에 비해 '돌이킬 수 없는' 경험을 제공했느냐다. 편의점에서 한두 번 물건을 사면 구멍가게를 다시 갈 수 없고, 캡슐 커피를 마시게 되면, 스틱 커피로 돌아갈 수 없다. 타다를 타 보면 더는 담배 냄새 나는 택시를 탈 수 없듯이 잘된 경험 디자인은 과거의 경험으로 돌아갈 수 없게 만든다. '돌이킬 수 없는'이란 문턱이 경험 완성도의 기준이 된다.

07
정보 경험

정보 경험(informational experience)은 모니터와 미디어를 통해 얻는 경험이다. 초기의 컴퓨터는 단순한 계산 장치에 불과했으나 그래픽과 사운드가 보강되고 현실의 메타포와 고유의 스토리가 담기며 강력한 경험을 갖게 되었다. 정보 경험은 인공 경험의 일부로, 물리적 공간이 아닌 가상의 공간에서 만들어지는 경험을 말한다. 하루의 대부분을 모니터 앞에서 일하고 노는 현대인에게 정보 경험은 꽤나 중요한 경험이다.

AI와 윤동주?

비디오 게임

최초의 정보 경험은 비디오 게임이다. 초기 비디오 게임들은 그래픽이 단순했지만 몰입할 만한 규칙이나 스토리, 세계관을 갖고 경험을 만들었다. 비디오 게임은 생산성이 아닌 여가 목적으로 컴퓨터를 활용하는 부수 활동이었지만 시간이 지나 거대한 산업으로 발전했다. 실감 미디어, 멀티미디어 기능의 발전은 게임이 이끌었다고 해도 무방하다. 비디오 게임은 영화와 달리 인터액티브하기에 몰입의 강도가 크다. 초기 비디오 게임의 룰 중의 하나가 '첫 번째 동전으로 게임의 룰을 습득하고 마지막 동전까지 쓰게 만든다'였으니 몰입과 중독은 정보 경험의 한 특징이 된다.

GUI 경험

1984년 애플이 GUI(graphic user interface)를 탑재한 매킨토시를 출시하면서 게임이 아닌 정보 경험이 부각된다. 최초의 GUI는 제록스파크의 알토였으나 애플의 스티브 잡스(Steve Jobs)가 일반인을 위한 상품으로 내놓아 큰 변혁을 가져온다. 이후 마이크로소프트가 윈도즈를 판매하며 GUI는 컴퓨터를 다루는 기본 인터페이스 양식이 되었다. 검은 화면에서 명령어를 한 줄씩 입력하고 결과를 받아보는 것과 달리 모든 것을 비트맵으로 구성한 정보 공간, 이를 중심으로 입력과 출력이 벌어짐은 새로운 경험이다. 비트맵 위에 마우스로 커서를 이동하며 문서나 명령을 상징하는 아이콘을 클릭하는 모습은 정보 세계를 다루는 새로운 장면이 되었다. 이제 인터페이스는 단순히 기계의 표면이 아닌 독립적인 환경이자 탐색되는 공간으로 이해되기 시작했다. 윌리엄 미첼(William J. Mitchell)은 『비트의 도시(City of Bit)』에서 "이것은 기계라기보다는 풍경에 가깝다"라고 표현했다.

데스크탑의 경험을 강화하는 것은 메타포다. 추상적인 정보 시스템에 메타포를 이용해 직관성을 보완한다. 메타포는 은유를 말하는데, 보조 관념을 통해 감춰진 대상을 표현하는 것을 말한다. 사무실 공간에 있을 법한 폴더와 파일들, 휴지통들은 모두 메타포가 적용된 아이콘들이다. 여기서 보조 관념은 사무실이고 감춰진 대상은 업무 기능들이다. 메타포는 개별적인 디자인 모티브가 아니라 행동의 체계로노 작동힌다. 사무실을 모티브로 한 아이콘과 메타포는 '사무 게임'의 느낌으로 업무를 처리하게 만든다.

데스크탑 GUI의 핵심 요소는 WIMP다. 'Window, Icon, Menu, Pointer'가 그것이다. '창(window)'은 생각

의 단위다. 스크린에 여러 윈도를 띄워 놓고 이를 오가는 것은 우리 머릿속에 벌어지는 생각의 흐름이 시각화, 객체화된 것이다. '아이콘(icon)'은 그림으로 표현된 객체다. 때로는 문서, 때로는 프로그램이 아이콘으로 표현된다. 더블 클릭하기 전까지는 아이콘은 잠재성만 갖는다. 하지만 더블 클릭하면 동작이 발현된다. '메뉴(menu)'는 명령의 집합이다. 한 어플리케이션마다 수행할 수 있는 명령들을 그루핑해 접어 놓은 것이다. 메뉴는 아이콘이나 프로그램이 할 수 있는 수행성의 집합이다. '포인터(pointer)'는 나를 상징하는 '아바타'다. GUI 공간을 오가며 때로는 아이콘을 흔들어 깨우고, 입력 위치를 알려주기도 한다. 때로는 모래시계로 변해 컴퓨터가 계산 중임을 알려 준다. 데스크탑 GUI는 아라비아 숫자 다음으로 전 세계가 공통적으로 사용하는 언어가 되었다.

웹 경험

웹 경험의 근간은 하이퍼링크 경험이다. 하이퍼링크를 클릭하면 목적 페이지로 스-윽 이동하는 건 상상에서만 가능했고 현실에선 불가능했다. 클릭을 통해 끊임없이 이어지는 페이지의 바다를 항해하는 것은 테드 넬슨(Ted Nelson)의 재너두(Xanadu)나 바네바 부시(Vannevar

Bush)의 메멕스(Memex)에서 상상했던 경험이다. 생각의 흐름을 끊지 않는 연상(association)의 속도로 빠르게 이동하는 것 역시 중요한 개념이다. 하이퍼링크의 바다를 오가는 이동체(vehicle)는 브라우저인데 기능은 단순하다. 페이지를 보여 주는 창 주변에 홈 버튼과 백 버튼이 전부다. 사용자는 페이지 안의 링크를 통해 페이지의 바다를 항해할 수 있다. 하이퍼 이동은 정보 경험 중 가장 특이한 경험이다.

인터넷의 발달로 수많은 웹사이트가 생기면서 정보 경험은 웹사이트 내의 경험과 웹사이트 간의 경험으로 나뉘게 된다. 웹사이트 내의 경험은 사이트의 정보 골격으로 만들어진다. 정보 구조가 트리형인지, 선형인지, 그리드형인지에 따라 이동 경험이 달라진다. 사이트에 붙어 있는 네비게이션 도구들도 경험에 영향을 미친다. 1990년대 중반 네비게이션 도구들은 시장에 의해 UI 패턴이란 이름으로 표준화되었다. 한편, 비슷해지는 웹 경험도 차별화되기 시작했다. 쇼핑은 쇼핑답게, 뉴스는 뉴스답게, 검색은 검색답게 서비스별로 다른 웹 경험을 만들어 냈다. 이는 각 영역이 가지는 고유한 절차를 웹 시퀀스에 담거나 메타포 또는 디자인 언어를 담아 가능했다. 한편, 사이트와 사이트를 잇는 디렉토리 포털이나 검색 엔진 역시 새로운 경험을 제공한다. 정보 공간에 무엇이 존재하는지, 사이트들이 어디에 밀집되어 관계를 갖는지에 대한 지형과 지도를 이런 메타 사이트들이 만든다.

사용자 경험

돈 노먼(Don Norman)이 '사용자 + 경험'이란 단어를 처음 제시했을 때, 경험이라는 단어를 선택한 의도는 명확했다. 그는 사용자 경험을 1) 제품을 둘러싼 총체성과 2) 개봉부터 사용까지의 '과정의 개선'을 목표로 정의했다. 단순히 기능이나 절차가 아닌 과정의 총체성을 지목하려고 '경험'이란 단어를 사용했다. 1984년, 매킨토시가 등장할 무렵의 컴퓨터들은 대부분 복잡하고 조악한 기계 수준을 넘지 못했다. 전문가인 사용자들조차 여러 자료들을 들춰 보며 기계의 작동 방법을 배워 나갔다. 하지만 매킨토시는 새로웠다. 깔끔한 패키지, 친절한 설명서와 더불어 제품을 켜면 'Welcome' 문구가 사용자를 반기고, 아이들 장난감 수준에 맞춘 난이도로 컴퓨팅을 즐길 수 있었다. 사용자 경험의 혁신이었다. 이런 총체적 과정 디자인에 주안점을 두기 위해 노먼은 '사용자 경험'이라는 새로운 설계의 차원을 제시했다.

웹의 시대가 열리면서 '사용자 경험'이 확산되었다. 어떤 웹들은 기능은 하지만 만족스런 경험을 주지 못했기 때문이다. 웹페이지 내부의 요소 배치뿐 아니라 페이지 간 시퀀스 개선을 통해 더 나은 경험을 만들 수 있었다. 이 무렵 사용자 경험에 대한 국제적 정의도 생긴다.

> 사용자 경험: 사용자가 어떤 시스템, 제품, 서비스를 직간접적으로 이용하면서 느끼고 생각하게 되는 총체적 경험을 말한다. 단순히 기능이나 절차상의 만족뿐 아니라 전반적인 지각 가능한 모든 면에서 사용자가 참여, 사용, 관찰하고 상호 교감을 통해서 알 수 있는 가치 있는 경험이다.

사용자 경험의 구축 과정은 크게 두 단계로 나뉜다. 하나는 분석이고 다른 하나는 설계다. 분석은 사용자의 요구를 이해하는 과정이다. 여러 조사 방법을 이용해 사용자, 일, 그리고 맥락을 이해한다. 이 결과물이 페르소나, 저니맵, 멘털 모델이다. 이 결과를 바탕으로 화면 설계와 정보 설계를 진행한다. 필요한 메타포를 찾고 수많은 프로토타이핑을 통해 경험을 시뮬레이션하는 과정이 사용자 경험의 제작 과정이다.

UX 방법론의 특징은 느슨하다는 점이다. 플라모델 키

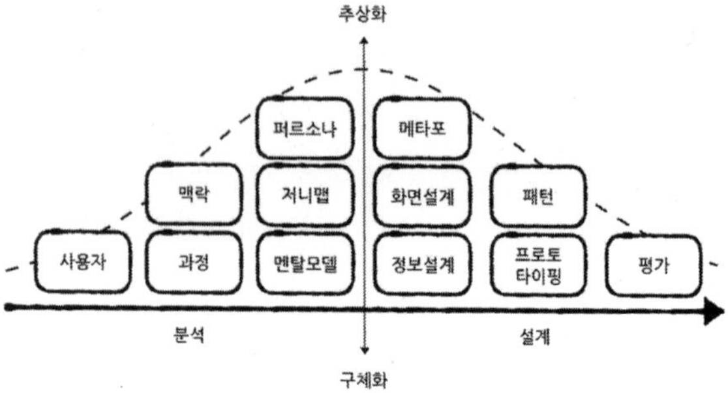

그림 7-1. 사용자 경험의 구축 과정. 저자 그림.

트나 레고를 조립하는 매뉴얼처럼 촘촘하지 않고 요리의 레시피 만큼 느슨하다. 이는 UX 방법론이 방법보다 작업자의 숙련도와 경험에 의존한다는 의미다. 결국 전문가가 얼마나 훈련되어 있느냐, 많은 사례들을 해 봤느냐에 따라 결과가 달라진다.

모바일 경험

2007년 애플의 아이폰이 나오면서 정보 경험은 일대 혁신을 겪는다. 풀 사이즈 터치스크린에 손가락 끝에 짝 달라붙어 움직이는 아이콘의 경험은 경이로웠다. 늘 연결된 인터넷은 스마트폰이 할 수 있는 역할을 크게 바꾸어 놓았다. 전화기에 부속된 정보 장치가 아니라, 우리를 따라다니는 정보-보철물이 된 셈이다. 부가된 각종 센서 등은 앱에게 상황적 맥락을 제공해 스마트한 경험을 제공한다. SNS와 LBS를 활용한 킬러 앱이 등장했고, 사람들은 어느 곳에서나 자신의 상황을 포스팅하고 공유하기 시작한다. 길 찾기 앱은 우리의 이동 경험을 크게 바꾸어 놓았다. 도시에 대한 정보가 실시간 보조되면서 스마트폰 경험은 우리의 도시 경험 자체를 바꾸어 놓게 된다.

모바일 경험은 온라인과 오프라인이 가로질러 하나의 경험을 완성시키는 하이브리드, 컨버전스 경험의 시대를 열었다. 물리 세계와 정보 세계를 이음새 없이 실시간으로 넘나드는 경험이 일반적이 되었다. 택시를 잡는 경험이 어떻게 변화되었는지를 살펴보자. 과거엔 길에 나가 손을 흔드는 방법으로 택시를 잡았다. 택시에 타면 목적지를 기사에게 알려 주는데 보통 두 번에 나누어 알려준다. "합정역으로 가 주세요"라고 한 번, 목적지 근처에 오면 "은행 끼고 우회전해서 내려 주세요"라고 또 한 번 이야기한다. 카카오택시 등의 모빌리티 앱을 사용하게 되면 경험 전체가 바뀐다. 집이나 사무실에서 택시를 잡는다. 차에 타서도 목적지를 이야기하지 않는다. 내릴 때는 계산을 하지 않는다. 일반 택시 탈 때의 경험소가 사라지거나 변형된다. 모빌리티 앱에서 새로 생긴 경험소는 내가 부른 택시를 길에서 알아보는 것이다.

08
알고리즘 경험

인공지능이 가져온 정보 경험은 새롭다. 명령을 내리는 대로 수행해 오던 이전의 컴퓨팅과 달리 인간의 고유의 역할이라 생각했던 객체 인식, 분류 등의 단순한 인지 작업에서 판단, 추천, 문제 해결 등 복잡도 높은 지능 작업을 대신한다. 이 과정에서 인간과의 상호 작용은 크게 변한다. 사람이 먼저 시작하기보다 기계가 우리를 유도하고 기계가 제시하는 결괏값은 과정을 몰라 묻지도 못하고 따라야 한다.
알고리즘 경험은 '대충, 얼추, 어림잡아' 하는데 더 잘되는 경험이다.

AI와 한의학?

추천

아침에 출근하며 카페 문을 열자마자 종업원이 "손님이 주문하지 않은 딱 그 스팀 밀크 라테입니다"라며 잔을 내민다면 우리는 당혹감을 느낄 것이다. 인공지능의 대표적 쓸모는 추천이고 추천이 만들어 내는 당혹감은 이미 널리 퍼져 있다. 유투브의 영상 추천, 틴더의 애인 추천, 카카오톡의 택시 배차 등 삶의 곳곳에 침투되어 있다. 추천이 만드는 당혹스런 상황에서 우리가 할 수 있는 일은 1) 속없이 제안을 수용하거나, 2) 고집을 피워 기각하거나이다. 하지만 대부분의 사용자는 추천을 수용할 것이다. 인공지능의 추천은 그동안의 주문 이력, 사람들의 주문 추세, 오늘의 날씨와 나의 건강 컨디션을 고려한 결과라고 생각되기 때문이다. 또한 내가 매일 비슷한 메뉴를 주문하는 것은 단지 습관적인 것, 새로운 메뉴를 모르는 것, 판단의 근거를 찾지 못한 결과라는 것을 잘 알고 있기 때문이다. 하지만 인간이 고집을 버리지 못하는 이유가 있다면 그건 '내 선택'이라는 자유 의지에 대한 느낌 때문이다.

이렇게 추천이 주는 당혹스런 느낌이 새로운 경험의 대표 사례이다. 즉, 사용자들이 추천 또는 SNS의 피드 정리 근거를 궁금해 하고 추측하는 게 알고리즘 경험

(algorithmic experience)이다. 2015년 전후로 AX 연구가 시작되었는데, 사람들은 알고리즘 작동 이유를 크게 두 가지로 짐작하고 이에 따라 자기가 받는 느낌도 두 가지 정도 이야기했다. 1) 내가 많이 봐서 추천되었다, 2) 대세가 그것이어서 추천되었다, 3) 너무 잘 맞춰 신기한 기분, 4) 속내를 들킨 불쾌함이 그것이다. 알고리즘이 만드는 사용자 경험이 답답하다는 것을 IT 기업들은 인지하기 시작했고 이에 대한 개선이 시작되었다. 상호 작용에선 설명을 보충하거나 불쾌함을 낮추고 신박함을 증가하는 경험 설계를 도입했고, 기술적으로도 설명 가능한 인공지능(XAI)을 통해 판단 과정이나 도출 근거를 여러 수준에서 노출하는 기술이 만들어졌다. 사용자들이 자신의 기분을 피력할 수 있는 장치에 대한 고민도 시작되었다.

현재 사용자가 알고리즘과 상호 작용할 수 있는 알려진 방법은 길들이기(taming)인데, 이는 덩치 큰 코끼리를 조련하는 것과 비슷하다. 인터페이스에 있는 좋아요/싫어요 버튼을 눌러 명시적으로 사용자의 선호를 입력받거나, 사용자의 시청과 선택 등 행태 데이터를 수집한 뒤 비명시적으로 선호를 파악해 데이터 학습에 반영하는 것이다. 하지만 길들이기 효과는 바로 나타나지 않는다. 바뀐다는 느낌이 들기도 하지만 알 수 없는 데이터들에 의해 예상치 못한 방향으로 선회하기도 한다. 경험 설계자의 역할은 길들이기의 과정을 잘 설계하거나, 길들이기보다 나은 조련 방식을 생각해 보는 것이다.

선제

애플워치를 차고 의자에 오래 앉아 있으면 '일어서기'를 추천한다. 애플의 사진 앱은 최근 찍은 사진을 분석해 '추억' 뭉치를 만든 뒤 살펴보라고 제안하거나 사진에 등장하는 지인들과 공유하기를 추천한다. 페이스북은 과거의 포스트 중 반응이 좋은 포스트를 끌올(끌어올리기)하여 몇 년 전 추억으로 리포스팅하라고 추천한다. 내가 시작하지 않았는데도 일련의 정보 활동이 자동으로 시작되는 것을 선제(pre-emptive)라 하고 미래에 더 많아질 것이다. 하지만 기계에 이끌리는 선제의 경험은 상당히 당혹스러워 IT 기업들도 조심스럽게 최적의 경험을 설계 중이다.

추천도 그렇지만 선제의 메커니즘은 두 개의 인터랙션을 필요로 한다. 두 개의 인터랙션, 즉 두 개의 다른 동선은 부잣집 평면에서 발견할 수 있는데 주인의 복도와 하인의 복도가 따로 있다. 이를 분리 동선(separate circulation) 또는 이중 동선(dual circulation)이라 부른다. 지금은 호텔이나 큰 식당에서 찾아볼 수 있는데, 손님과 직원의 동선이 겹치지 않는다. 알고리즘 선제 경험은 '분리 동선'을 통해 이루어진다. 과거의 인터랙션이 하나의 복도, 하나의 창에서 입력과 출력이 벌어졌던 것과 다르다. 먼저 감춰진 서브 동선에서 사용자의 평상적 활동이 데이터로 차곡차곡 남겨진다. 이 과정에는 다양한 센서와 통신 기능이 필요하다. 이 과정은 조용하고 지속적으로 진행된다. 데이터를 잘 모으는 사용자 경험 연구가 필요한 지점이다. 이렇게 모인 정보를 기계가 분석해 의미 있는 마이크로 이벤트를 포착하는데, 사용자가 당황하지 않을 적당한 시점(opportune moment)에 제시한다. 이벤트를 사용자에게 선제하는 과정은 메인 동선을 사용하게 된다. 발견된 이벤트는 비기호적 발산을 통해 전달된다. 명료한 기호보다 비기호가 선호되는 이유는 추천이나 선제가 가지는 복합성(complexcity)과 정동성(think-feel) 때문이다. 정확한 알람이나 신호보다 뭉근한 발산(ambient interaction)을 하는 것은 사용자가 모니터 앞에 서지 않고도 환경적으로 변화를 감지할 수 있도록 하기 위해서다. 사용자는 메인 동선에서 이 추천을 수용하거나 기각하고 기계는 사용자의 선택을 강화 학

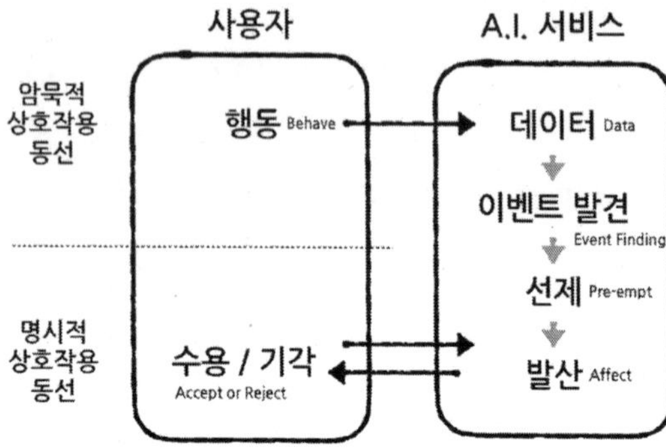

그림 8-1. 분리 동선의 상호작용. 저자 그림.

습의 데이터로 활용한다. 메인 동선의 상호 작용도 사용자 경험의 기획이 많이 필요한 부분이다. 두 개의 복도는 시간적, 공간적, 데이터적으로 다르지만 타이트하게 연결되어 있다. 인터랙션은 암묵적이고 선문답 같다. 따라서 현상과 경험을 고려한 설계가 필요하다.

환경 미디어

지금 경험하는 알고리즘 경험이 어떻게 확장될지는 기술 철학자들이 예측하는 다가올 시스템을 살펴보는 게 좋다. 마크 핸슨(Mark B, N. Hansen)의 책 『피드-포워

드: 21세기 미디어의 미래(Feed-forward: On the future of twenty-first-century media)』에서는 '21세기 시스템'을 제시하는데 미래 시스템의 키워드들이 잘 담겨 있다. 그는 21세기 시스템을 '중첩되면서도 축척을 넘나드는 미시 주체들(microsubjectivities)의 복합적인 아상블라주'로 정의했다. 꽤나 어려운 표현인데 이를 하나씩 풀어 보도록 하자.

먼저 그는 새로운 시스템은 환경적이라 정의했다. 시스템들은 개별적으로 작동하지 않고 개별적으로 파악되지도 않는다. 잠재적인 기계의 연결망은 특정 사건에 의해 현실화되고 일부의 기계들이 참여하는 네트워크 기계로 작동된다.

환경 미디어의 특징 중 하나는 '자동 기록'이다. 웨어러블이나 사물 인터넷(IoT) 센서들이 환경을 읽어 내는데 인간의 감각을 넘어선다. 우리의 척도보다 미세하게 읽어 내며 우리가 주의를 기울이지 않아도 늘 기록해 낸다. 우리의 판단이 개입되기 전에 읽기가 진행되므로 이성의 필터링 없는 '느낌 사고(feel thoght)'가 그대로 담긴다. 이런 감성적이고 비인지적 특징이 새로운 시스템의 감성이다. 화이트헤드는 '세계를 진동을 통해 느낀다'고 했는데 경험 이전에(prior to) 정동적(affective)으로 변화의 성향을 느끼게 되는 것이다.

환경으로의 시스템은 모든 게 연결되어 있기에 거대한 지형과 비슷하다. 여기서 변화를 만들기 위해서는 객체를 조작하기보다 지형의 기울기를 변화시켜야 한다. 기울기를 만드는 것은 여러 조건이 맞아 벌어지게 되며 인지적 계산이나 파악은 어렵다. 하나의 흐름을 만드는 성향(propensity)이 만들어지면 일들이 벌어지고, 우리는 그것을 벌어지고 난 다음에 알기에 경험적이라 할 수 있다.

한편, 연결된 환경은 시간적으로도 선제성을 가능케 한다. 지형에 기울기를 준다는 것은 미래가 예측 가능하다는 것이다. 유도된 성향이 행동이나 사고를 규정하고 다음을 안내한다. 따라서 예측은 '전사고(forethought)'다, 조금 당겨 생각하는 것이다. 선제는 발생하지 않은 미래의 잠재적 사건을 통제하기 위해 현재의 가상적 원인에 작용하는 것이다.

그런 의미에서 새로운 시스템에선 객체보다 이벤트가 중요하다. 이벤트는 효과를 생산하는 장치다. 이벤트는 정보를 통해 디자인되며 시간을 선택, 응축해 만들어진다. 이벤트는 발생했을 때만 나타나고 늘 가려진 상태로 디자인된다.

이런 환경에서 인간은 시간 자원으로 환원된다. 극단적으로 정밀한 컴퓨팅 능력은 시간을 초세밀화시킨다. 인간 육체나 감각, 기존 척도에 의해 작동되지 않고 최소 기입 가능한 미세 단위로 시간이 나뉜다. 과거에 비해 자원으로서의 인간 존재, 시간 자원화는 가속화된다. 단위 시간이 작아지면 활동 밀도는 세어진다. 우리 자체도 시간의 일부가 된다.

환경으로서 미디어, 자동 기록에 의한 성동성, 성향을 만든다, 선제하고 유도한다, 객체보다 이벤트, 시간 자원으로서의 인간은 현재 알고리즘 경험에서도 발견되는 특징이고 미래 시스템에선 더 크리티컬한 요소들이 될 것이다.

09
경험의 설계

좋은 경험을 만들기 위해서는 경험을 많이 해 보는 게 중요하다. 그리고 경험의 순간마다 인류학도처럼 세세한 기록을 남겨 봄도 중요하다. 이 과정을 통해 천천히 경험의 랭귀지를 습득하게 된다. 경험 설계 능력과 경험 분석 능력은 동전의 양면과 같다. 분석 과정에서 발견한 경험의 다이어그램은 새로운 경험 창출에 바탕이 된다.

AI와 화장품?

경험을 많이 한다

좋은 경험을 설계하기 위해서는 경험을 많이 하는 게 중요하다. 우리 주변을 둘러보면 경험 부자와 경험 빈곤자가 있음을 알 수 있다. 경험 부자는 기회가 주어질 때마다 새로운 경험을 시도한다. 심지어 새로운 경험을 위한 기회도 적극적으로 만든다. 미지의 장소로 여행을 떠나고 새로운 이벤트에 동참하고 낯선 도전에 두려움이 없다. 경험 부자는 경험의 합이 곧 자기 존재라는 것을 알고 존재의 확장을 시도한다. 반면에 경험 빈곤자는 새로운 경험을 주저한다. 한 번 인식에 들어온 절차들을 반복하며 안정을 유지하려 한다. 경험 부자가 되느냐 경험 빈곤자가 되느냐는 타고난 성격도 있지만 용기의 문제도 있다. 새로운 경험은 인식의 틀을 깨려는 용기가 필요하기 때문이다. '경험이 경험의 발목을 잡는다'라고 한다. 새로운 경험을 주저하게 만드는 가장 큰 요인은 과거의 유사한 경험이다. 과거의 경험이 속삭이는, '충분히 경험하지 않았나?'라는 자기 타협의 목소리가 새 경험으로 나아가려는 힘을 빼 버린다. 하지만 경험 부자들은 이 고비를 넘긴다. 주저함의 문턱을 넘어가면 예상치 않은 좋은 것들이 펼쳐진다는 것을 알기 때문이다.

경험 부자들이 경험 확장을 위해 사용하는 팁은 세 가

지 정도다. 첫째, 새로운 경험을 소개하는 정보원에 가깝다. 잡지가 될지 인스타그램이 될지 모르지만 새로운 경험을 소개해 주는 소스에 촉을 세운다. 다른 경험 부자로부터도 좋은 정보를 얻는다. 경험은 쉽게 기록되고 공유되지 않기에 사람에게 직접 물어야 좋은 답을 얻을 수 있다.

둘째, 세상의 변화를 포착하는 것이다. 우리 사회는 끊임없이 변한다. 코비드 팬데믹으로 세상이 주저앉았을 때도 그에 적응하는 새로운 경험들이 생겨났다. 팬데믹이 끝나고 세상이 리오픈되었을 때도 전에 없던 경험들이 생겨났다. 제도가 바뀌고 새로운 기술이 등장하면 새로운 경험이 생긴다.

마지막으로, 자기 경험의 한계를 아는 것이다. 경험은 나이테와 같기에 가장 바깥 링은 내 인식의 한계와 같다. 100미터를 전력 질주해 본 사람은 200미터에 도전할 수 있고, 국내 여행을 마친 사람은 해외여행을 시도해 볼 수 있다.

에스노그라퍼가 된다

에스노그라퍼는 인류학에서 민족지 작성 또는 현지 조사하는 사람을 부르는 이름이다. 이들은 수첩 하나 들고 마을에 침투해 현지인들과 라포를 형성하고 생활의 일부가 되어 관찰한다. 과거에는 인류학을 공부하는 사람만 에스노그라퍼였지만 지금은 전 국민이 에스노그라퍼가 되었다. 각자의 생활에서 인상적인 장면이 포착되면 스마트폰을 꺼내 사진이나 동영상을 찍고 이를 SNS에 남긴다. 이런 생활지들은 인터넷을 통해 공유되어 다양한 삶의 모습을 근거리에서 살펴볼 수 있게 되었다. 굳이 내가 기록하지 않아도 경험의 간접 분석이 용이해진 시대다.

그럼에도 스스로 경험 기록을 하는 훈련이 중요하다. 그래서 몇 가지 팁을 공유해 본다. 먼저 경험은 휘발성이 높다. 현장에서 등을 돌리면 쉽게 잊히고 다음 인상이 눈 깜짝할 사이 다가와 지금의 인상을 덮어 버린다. 머리에 떠오른 인상, 생생한 언어 표현도 5분만 지나면 뭉개진다. 그래서 인상이 휘발되기 전에 기록해야 한다. 그렇다고 모든 순간을 기록할 수는 없다. 핵심 경험을 포착하는 건 감이다. 대신 빨리 접근 가능한 도구의 도움을 받는다. 스마트폰은 늘 몸 가까이(proxy) 있는 도구로, 서부의 카우보이들이 총 꺼내듯 빠르다. 스마트폰은 사진, 동영상, 메모, 녹음 기능 등이 가능하기에 여러 모달리티로 기록을 남길 수 있다. 한편, 의식해서 기록하지 않더

라도 센서들이 남기는 로그, 자동 기록을 활용하는 것도 방법도 추천한다. 스마트폰은 생각 외로 많은 로그를 남기기에 어떤 기록이 남는지 미리 살펴보는 것도 좋다. 문자 기록, 통화 기록, 구매 기록 등도 훌륭한 경험 분석의 자료가 된다.

경험 랭귀지

같은 여행지나 같은 식당을 남은 여러 유튜브나 블로그를 비교해 보면 그중 '경험이 부각'되거나 '경험을 잘 담아낸' 포스트가 따로 있음을 알 수 있다. 그 포스트들은 경험 묘사에 적당한 단어나 표현을 쓰기도 하고, '~경험과 비슷한'이란 비교를 통해 경험을 생생하게 전달한다. 결국 경험에 대한 어휘와 묘사력이 풍부해야 경험을 잘 설명할 수 있다. 경험 랭귀지를 얻는 좋은 방법은 당면한 일을 기록할 때 대상이나 의견을 기술하기보다 현상 그 자체에 집중하는 것이다. 우리가 하나의 일을 겪고 기록하는 관점은 셋으로 나뉠 수 있는데, 첫째는 연구 일지나 수사 기록처럼 행위나 대상 자체를 세세히 나열하고 기술하는 것이다. 둘째는 일기처럼 벌어진 일에 대한 나의 생각이나 회고를 적는 것이다. 하지만 경험의 기록은 그 중간쯤에 위치한다. 예를 들면 맨홀에 빠졌을 때 a) 내가

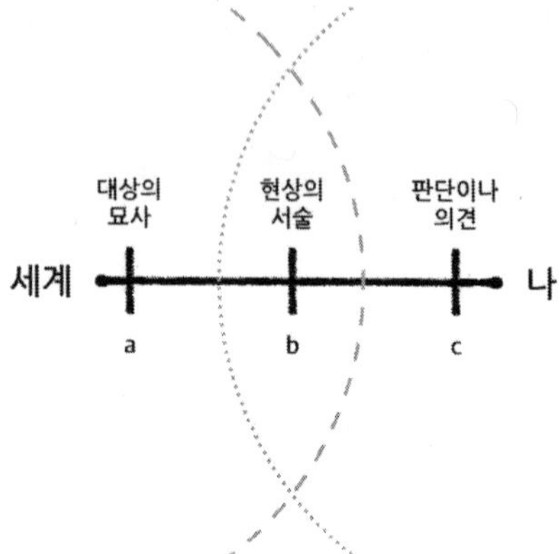

그림 9-1. 대상의 묘사, 현상의 기술, 사태의 판단. 저자 그림.

빠진 구덩이에 대한 설명(깊이 2미터에 반경 1.5미터, 바닥은 무릎까지 차는 차가운 물이 고여 있었다)은 대상에 관한 것이다. c) 겪은 일에 대한 판단(이 동네는 늘 이렇다. 부실한 구석들이 많다. 찰과상과 소방관 호출을 보험으로 처리 가능할까?)은 내 머릿속의 의견이다. 하지만 b) 나와 세계가 만나는 접점에서 벌어지는 현상에 대한 서술(함정에 빠진 느낌이었다. 한 발이 공기 중을 헛디딘 후 몸 앞으로 쏠리며 낙하를 직감했다. 무언가를 잡

으려 팔을 뻗었으나 추락을 멈춘 건 몸이 바닥에 고인 물에 닿으며 시작되었다)은 우리가 지금 집중하는 경험의 포착이다. 경험에 대한 서술은 다분히 낯설지만 대상과 해석을 배제하는 것만으로도 현상을 읽어 낼 수 있다.

경험 분석이 경험 설계다

마지막으로 경험을 기록하는 자신만의 기보법(scoring) 발견이 필요하다. 악보는 눈에 보이지 않은 음악을 기록하는 방법이고, 안무보는 몸의 동작인 춤을 기록하는 방법이다. 경험에도 경험을 위한 기보법이 필요하다. 기보법이란 기록 대상의 내부 구성 요소와 그들의 관계를 정의하는 방법론이기 때문이다. 전통적인 경험 기보법은 시간 순에 따라 인상을 적는 여행기 형식이다. 인공 경험이 등장하면서 '이모셔널 저니맵'이나 '서비스 블루프린트' 같은 기보법이 등장했다. 시간 축에 따라 '경험소' 또는 '터치 포인트'를 나열하고 경험소별 감정 상태를 적어 내 추세선으로 연결하여 총체적 경험 평가도 가능하다. 영화나 드라마 작가가 사용하는 스토리보드도 좋은 기보법이다. 장면과 설명의 연쇄로 하나의 경험을 담아내거나 디자인할 수 있다. 디지털 시대에는 영상 편집 도구가 기보의 틀을 제공한다. 여러 미디어로 기록된 영상들을 컷 편집해 가며 시간 구성을 바꾼다. 중요한 것은 각 기보법의 구성 방식을 살펴보는 것이다. 경험의 어떤 요소를 대상으로 다루는지, 요소의 관계는 어떻게 표현하는지를 살펴보는 것이다. 기보법에 따라 같은 경험도 다른 분석이 가능하기 때문이다. 또한 기보법은 경험의 개별 요소보다 경험 요소 간의 관계를 잘 드러내기에 하나의 다이어그램이 된다. 다이어그램은 관계도다. 따라서 아주 새로운 경험을 만들기 위해서는 새로운 다이어그램의 작성이 필요하다. 좋은 경험을 만들기 위해서는 정교한 경험 분석이 선행되어야 하고, 분석이 제대로 끝나는 순간 새로운 경험이 태어날 것이다.

10
알고리즘 시대의 인간

인공지능 시대의 인간은 그 이전의 인간과 다르다. 인간은 주체적 행위자에서 '기계–인간 네트워크'가 만드는 거대 활동의 일부분을 맡는 역할로 축소된다. 한편, 대형 언어 모델이 보여 주는 초객관성 앞에 전문가들의 지식은 초라해진다. 대신 개개인의 독특한 삶이 만든 고집과 편향이 인간스러운 모습이 된다. 초월 기술 시대에 인간을 인간답게 만드는 게 무엇일까는 중요한 질문이 된다. 그리고 그 답은 기술과 인간을 매개하는 경험을 만들어 가며 찾아갈 수 있을 것이다.

종교와 AI?

반응하는 인간

인공지능의 발달은 인간의 자유 의지라는 개념을 무력화한다. 인공지능은 기본적으로 결정론적 시스템이다. 결정론은 닫힌 계와 정해진 규칙 아래에선 모든 선택이 예측 가능하다고 본다. 그레고어 멘델(Gregor J. Mendel)의 완두콩 교배 실험을 생각해 보면 나의 형질은 내 의지에 상관없이 부모 혹은 조상에 의해 이미 결정되어 있다. 자유 의지는 결정론과 대조적 개념으로, 주체가 여러 대안 중에 자유롭게 결정을 내리고 그 결과는 내가 속한 계의 변화를 수반한다는 것이다. 과거에는 세상을 물샐틈없이 포착할 수 있는 기술이 없었지만 지금은 모든 것이 데이터로 포착되고 연산되기에 결정론적 시뮬레이션이 가능하다. 이런 상황에서 인공지능의 추천과 선택을 따르지 않는다면 그저 고집스런 인간으로 치부되기 쉽다.

한편, 최근의 뇌 과학은 인간의 자유 의지 또는 자아라는 개념이 허상에 가깝다는 발견도 제시한다. 인지 과학자 닉 채터(Nick Chater)는 그의 책 『생각한다는 착각(The mind is flat)』에서 우리가 그동안 알고 있던 무의식, 인간은 마음 깊이 존재하는 생각의 심연은 존재하지 않으며 우리가 경험하고 생각하는 모두가 표면적이고 즉흥적인 생성이라 주장한다. 인간의 인지 시스템은 복잡한 문제를 해결하거나 깊이 있는 분석을 하기에는 한계가 있고 대신 단순하고 빠르게 환경에 적응해 낼 뿐이다. 따라서 우리의 자아는 일관되고 고유한 것이 아니라, 수많은 즉흥적 반응의 사후적 내러티브가 누적된 것에 불과하다고 한다. 워싱턴대학교의 에밀리 벤더(Emily M. Bender) 교수가 인공지능을, 훈련된 데이터를 기반으로 다음 단어를 예측하는 확률 시스템이기에 '확률론적 앵무새'라 비유했는데 최신 뇌 과학에 의하면 인간도 별반 다를 게 없다. 르네 데카르트(René Descartes) 이후에 믿어 온 '강한 자아' 대신 이제는 '약한 자아' 혹은 '그저 반응하는 인간(human being reacts)'을 인간에 대한 기본적 이해로 삼아야 하지 않을까 한다. 능동적인 행위 주체가 아니라 기계-인간의 이인삼각 달리기(human in the loop)에서 부분적 역할을 하는, 그래서 필요할 때 끼어들고 빠지는 감각이 중요해진다.

고집의 인간

인간의 존엄성은 지적 문제 해결자(problem solver)라는 지위에서 생겼다. 험난한 자연을 극복하고 복잡한 문명을 만들 수 있었던 건 인류가 지적 문제 해결 능력을 가졌기 때문이다. 하지만 최근 등장한 대형 언어 모델은 수많은 전문가들을 초라하게 만들었다. 대형 언어 모델은 인간이 쌓아 온 방대한 지식을 학습해 문제 해결 능력까지 갖추었다. 그 능력은 한 분야만 십수 년 공부한 전문가를 쉽게 압도해 버린다. 이런 상황에서 인간의 존재가치를 되찾기 위해선 인간이 인공지능을 뛰어 넘는 일반해(general problem solution)를 제시하는 건데, 거의 불가능에 가깝다. 또 하나의 방법은 아주 고유한 특수해(unique problem solution)를 제시하는 방법이다. 고유해는 문제를 상황에 맞게 푸는 걸 말한다. 인공지능은 상식적인 접근을 하기에 특이한 상황에도 모범 같은 답만 제시해 허전함이 느껴진다. 하지만 세상의 현실은 매 순간 다르다. 유니크한 상황에 맞는 일회성 접근이 기계 지능의 부족한 부분을 채울 수 있다. 이렇게 보면 인간은 원래 고유해에 강했는지 모른다. 인간은 상황에 유연하고 또 불완전하기 때문이다. 우리는 보통 부족한 정보와 잘못된 기억을 바탕으로 많은 판단을 내린다. 이를 인간의 고집과 편향이라 부를 수 있다. 고집, 편향, 고정관념은 어찌 보면 개별 인간의 독특함이기도 하다. 막장 드라마에서 보아 왔던 출생의 비밀, 질투와 복수, 그리고 과도한 반응은 늘 고집과 편향 그리고 오해에서 출발한다. 만약 모든 사람이 상식적으로만 움직인다면 사회는 무색무취할 것이고 거대한 밀웜의 농장과 같을 것이다. 인공지능 시대에 인간이 인간다운 면을 유지하는 방법은 정답에 가까워지기보다 자기만의 답을 제시하는 것인지 모른다. 그리고 그 고유해들이 인공지능 사회를 강건하게 만들 것이다. 인간의 고집이 소중해지는 시대다.

인간다움의 고민

인공지능의 발전은 '인간은 도대체 무엇인가?'라는 화두를 던진다. 인간의 노동력은 기계에 의해 대체되었고 지적 능력은 인공지능에 의해 교환 가능해졌다. 인간의 고귀성은 기술의 발전에 따라 차례로 무너져 버렸다. 고유했다고 생각한 인간의 능력이 이제 여타 자원과 다를 바 없어 보인다. 이런 세상에서 인간스러움은 무엇인가? 우리는 왜 살아야 하고 어떻게 살아야 하는가? 이 질문에 답하는 게 인공지능이 우리에게 준 큰 숙제다. 브루스 매즐리시(Bruce Mazlish)는 그의 책 『네 번째 불연속(Fourth discontinuity)』에서 진화론이 세 번째 불연속을 깼다고 한다. 진화론은 신이 빚은 만물의 영장으로서의 인간 지위를 인간-동물 연속선상의 한 종으로 강등시켰다. 이를 받아들이는 것은 어렵고도 힘든 일이었을 것이다. 그는 네 번째 불연속으로 인간-기계의 연속을 이야기하는

데, 인공지능의 발전이 그동안 우리가 가졌던 불연속의 인식을 깰 것이라 했다. 그동안 우리는 기계나 로봇을 생명이나 감정을 느끼지 못하는 단순한 도구라 낮게 보았다. 하지만 이제 인공지능은 문제 해결자로서 인간과 별반 차이가 없다. 인간은 그저 조금 다른 방식의 문제 해결을 할 뿐이다.

새로운 시대의 인간스러움 혹은 개별 존재의 가치는 주변 대상과의 관계에서 생기지 않을까 한다. 잠재적인 관계들이 일시적으로 가시화되면 우리는 현상과 경험을 통해 느낄 수 있다. 이런 관계들을 느끼는 건 몸 내부가 아닌 피부와 표면이다. 몸의 끝에서 세상을 느끼고 내가 규정된다. 변화를 포착하고 세상을 감지하는 방식이 고유한 나일 것이다. 따라서 현상과 경험을 만드는 일이 중요해진다. 만질 수 없고 이해되기 어려운 기계-인간 네트워크를 경험하게 하고 존재의 형식을 만드는 일이기 때문이다. 경험은 존재의 모양을 만들고 의미를 획득케 하는 순간이 된다. 따라서 경험 설계, 특히 알고리즘 경험 설계는 표면이 중심이 된 개별자들의 존재를 구성하는 방법이 된다.

이중식

사용자경험(User Experience) 연구를 한다. 서울대학교 융합과학기술대학원 교수이며, 현재 서울대학교 문화예술원 원장이다. 연세대학교와 미국 예일대학교에서 건축을 전공했고 예일대학교에서 가르쳤다. 2000년에 귀국하여 삼성오픈타이드에서 인터넷 컨설팅을 담당했다. 서울대 사용자경험 연구실을 운영 중이며 연구 주제로는 로그 기반의 사용자 모델링, 보이스 인터랙션, 그리고 1인 가구가 있다. 2022년에 서울대학교 교육상을 수상하였다. 저서로는 『창조성의 원천』, 『1인가구와 기술』이 있다.